融媒体时代
传播机制研究

RONGMEITI SHIDAI
CHUANBO JIZHI YANJIU

雷　涛◎著

吉林出版集团股份有限公司 | 全国百佳图书出版单位

图书在版编目（CIP）数据

融媒体时代传播机制研究 / 雷涛著. -- 长春 : 吉林出版集团股份有限公司, 2023.4

ISBN 978-7-5731-3293-2

Ⅰ.①融… Ⅱ.①雷… Ⅲ.①传播媒介—研究 Ⅳ. ①G206.2

中国国家版本馆CIP数据核字(2023)第095537号

融媒体时代传播机制研究

RONGMEITI SHIDAI CHUANBO JIZHI YANJIU

著　　者 / 雷　涛
责任编辑 / 蔡宏浩
封面设计 / 清　清
开　　本 / 787mm×1092mm 1/16
字　　数 / 150 千字
印　　张 / 8.25
版　　次 / 2023 年 4 月第 1 版
印　　次 / 2023 年 8 月第 1 次印刷
出　　版 / 吉林出版集团股份有限公司
发　　行 / 吉林音像出版社有限责任公司
地　　址 / 长春市福祉大路 5788 号
电　　话 / 0431-81629679
印　　刷 / 三河市嵩川印刷有限公司

ISBN　978-7-5731-3293-2　　　　　定　　价 / 50.00 元

前　言

　　新兴媒体与传统媒体之间的合作，在媒介融合的浪潮之下，已成为必然趋势。在互联网时代下，随着媒介融合程度的不断深入，传统媒体不仅改变了以往单向的信息传播方式，还通过文化层面与受众群体进行链接，不断创新以谋求更好的发展。

　　时代的发展使得传统媒体和新兴媒体的发展呈现出了相互交融、优势互补的发展状态，传统媒体的权威性、专业性等优秀特质融合新兴媒体的高效快捷以及资源丰富等优秀特质，催生了一个新的媒体种类的出现，即"融媒体"。"融媒体"的发展是社会进步的必然呈现，并影响着社会各行各业。在融媒体的大环境背景下，对接、融合、创新这是时代要求，也是传播需要。在新媒体技术和媒介日新月异的情况下，针对传播方与需求方的新特点，应对传播格局出现的新变化。

　　全球化的发展趋势，强有力的社会经济增长，宽松的政策环境以及技术的大力支持，为媒介的融合提供了生长的沃土。人们日益提高的物质文化水平使得受众不再甘于被动接收信息，受众需求日益多元化、复杂化。这种根本性的对子信息媒介的渴望成为媒介融合的内在驱动力，促使媒介融合加快发展步伐，媒介融合趋势势不可挡。

　　本书共分为五个章节，主要从融媒体时代传播的概述、融媒体时代下的传播类型、融媒体时代下的社交媒体、融媒体时代传播的系统及运行机制、融媒体时代传播机制的发展路径方面进行阐述。在融媒体时代，使媒体环境与时俱进，媒体融合趋势愈来愈明显，使传播更广泛，传播内容更加多元化。

　　由于作者水平有限、书中疏漏之处难免存在，敬请广大读者批评指正。

著　者

目　　录

第一章 融媒体时代传播的概述

第一节 融媒体的概念

目前，对于融媒体的概念有的理论称为"媒介融合"，有的又称为"媒体融合"，二者是等同还是有区别？"媒介融合"是否就等同于"融媒体"呢？通过检索发现，厘清相关概念的文献较少，大多是介绍国外的融合经验以及哪些更加适用我国的情况。但是，"媒介融合"和"融媒体"是有区别的，如果说媒介融合，是一切"传播介质"的交融，那么"融媒体"就是将"媒介"与"媒体"共同融合的"大媒体"。

一、"媒介"与"媒体"

随着大众传播技术的不断更新，"新媒体"应运而生。"自媒体/多媒体""全媒体/融媒体""媒介融合/媒体融合""跨媒体/跨媒介"等概念也层出不穷。由于"媒介""媒体"这两个核心概念的混淆，它们所扩展的概念也交叉重叠，甚至混为一谈，所以很有必要再次重新辨析这几组概念。

例如，在"中国学术期刊网络出版总库"中，输入"媒介"和"媒体"这两个关键词，可以找到许多与之相关的文章，但关于二者概念解析的却非常少，有的解释还是与之相关的延伸概念，其中有些作者认为这两个概念没有什么区别。例如，有学者认为，媒体是媒介、传媒。还有学者认为，媒介是媒体。很多文章表示两者只是习惯上的差别，但真的是这样吗？对于这两个概念，有必要解释清楚，否则会导致延伸词语的误用。

事实上，很多学者都注意到了这一问题，认为两者本质上是不同的，并试图区分这两个核心概念进行界定。例如，清华大学的一位教授认为，按照通常的理解，传播媒介有两种含义：第一，它是指传递信息的手段、方式或载体，如语言、文字、报纸、书刊、广播、电视、电脑、电话、电报等；第二，它是指从事信息采集、加工、制作和传播的社会组织，如报社、出版社、电台、电视台等。在传播学中，传播媒介包含以上两种含义，细分起来，如果是指传播活动的手段、方式或载体，那么一般用"媒介"这个词；如果是指传播活动的组织机构或人员，一般用"媒体"这个词。李彬的解释很清晰，他后半句的解释非常明确，但前半句把"媒介""媒体"混为"媒介的两种"涵义，对两者的概念还是造成了一定程度的混淆。

"媒介"早于"媒体"出现。"媒介"一词大约出现在 19 世纪末 20 世纪初，指事物间发生关系的介质和工具。"媒体"的出现是在 20 世纪中叶，从字面上看，"介"有"介质""介绍"含义，强调物质的载体，强调客观性。"体"指"物体""身体""机体"，侧重于物理上的身体和社会层面的机体，更强调主观性。因此，在大众传播的早期阶段，"媒介"被用来描述发生关系的中间人或事物。随着大众传播的发展，出现了传播者、传播机构等术语，这些术语与"媒介"概念相结合，具有许多主体性和社会性。所以有了"媒体"的概念。有媒介理论家认为，媒介是万物，万物皆媒介，一切能使人与人、人与事、事与事、物与物发生关系的物质都是媒介，而所有媒介都是人体某种器官功能的延伸，砍刀是手的延伸，车船是脚的延伸，服装、住宅是人皮肤的延伸，印刷品是眼睛的延伸，电话、广播是耳朵的延伸，电视则是眼睛和耳朵的同时延伸。

因此，大众传播学视野下的"媒介"是指传递信息的手段、方式和载体。如语言、文字、声音、图像、报刊、广播、电视、互联网、手机。"媒体"的含义侧重于表现从事信息采集和加工的社会组织及机构。如报社、杂志社、出版社、广播台、电视台。将这两个核心概念解释清楚后，扩展的概念就容易理解了，如多媒体、自媒体、全媒体、媒体集成等。从字面上看，多媒体是"多种手段，多种方式"的含义，以电脑为主，将文字、声音、图像、幻灯片等有机地结合在一起。自媒体则是自己能够生产、传播消息的人。以前的传播方式是"一对多"（书籍、报纸、广播）和"一对一"（电报、信件），由于互联网的出现，实现了"多对多"的传播，任何个体都可以向其他群体发布和分享信息。

二、"新媒体""全媒体"与"融媒体"

（一）新媒体

新媒体是指近半个世纪以来陆续涌现的一系列传播新技术，包括电脑、传真、录像、光纤通信、电子报刊、有线电视、综合数字通信网络、多媒体、信息高速公路等。

新媒体是一个新的环境，它本质上包括了所有的数字媒体形式，而不是相对于纸质、模拟化媒介而言的新信号体系。新媒体的快速发展，彻底改变了每个人的生活、学习和工作习惯，不断更新着人们的世界观、人生观和价值观。新兴媒体的发展趋势越来越强烈。

新媒体发展的动力因素多种多样，其形态和发展方式也多种多样。在这个快速发展的领域的影响下，世界顶级的资源聚集在一起，使其成为一个极富创造性的行业领域，使新媒介有了各种形态和传播方式。全球新媒体在各个方面都取得了突破性的发展，经过不断地实现自我形态的变化，改变了大众的生活，改变了大众的观念与思维定式。

虽然一件事物在发展过程中总是存在缺陷，但新媒体自身的不断发展也为这一缺陷的解决提供了条件。新媒体技术使世界更加紧密地联系在一起，极大地促进了人类之间的互动，同时也提高了传播效率。

（二）全媒体

"全媒体"这个概念，多用于家电行业。真正变成现如今理解的专业术语是在2007年之后。如全媒体出版、全媒体记者、全媒体传播等。"全媒体"被用来表达一种全新的含义，即综合运用各种表现形式，立体地展示传播内容，同时通过文字、声像、网络等传播手段来传输的一种新的传输形态。全媒体是在具备文字、图形、图像、动画、声音和视频等各种媒体基础之上进行不同媒介形态（纸媒、电视媒体、广播媒体、网络、手机媒体等）的融合，产生质变后形成的一种新的传播形态。

全媒体具有本土化的色彩，在某种程度上它与"多媒体"概念相似。但从专家学者对它概念的阐释，"全媒体"更侧重于传播方式手段和载体的"媒介"融合，而不是传播组织和机构的"媒体"融合，所以它与核心概念不符。与其称为"全媒体"不如改成"全媒介"或者"融媒体"。媒介学者指出，现在学界和业界所说的"全媒体"，是一个既涉及载体形式，又包括内容形式、技术平台的集大成者。如此一个"大而全"的东西，显然无法给出一个确切的内涵和外延的定义。从另一个角度来看，这种提法并不科学。如果传统媒体在向"新媒体"转型时就只是单单追求介质方面的大而全、设备机器上的多而广、人员配置上的全装备，而忽视了是否具备全介质的理念，那这种"有多大地儿就摊多大煎饼"的做法会成为常态吗？因此，在对核心概念进行了清晰的解释之后，有必要澄清对其引申概念的误解。虽然这两个词只有一字之差，但却有云泥之别，样貌两重。

（三）融媒体

"融媒体"不仅是传播方式、手段、载体的融合，也是传播组织和传播机构的融合，是将"媒介"与"媒体"两个概念有机结合的新概念。从某种意义上说，它涵盖了"全媒体"的内容。在"全媒体"的基础上，进行"融会贯通"，媒介的齐全只是基础性设施建设，而未来媒体融合的大趋势将是媒介机构看清楚不同媒介的发展态势、掌握其自身特点和优势，用最小的成本拓宽最广的传播渠道，实现最大的传播效果、吸引最多的受众和用户。

在融媒体的理念下，不仅要把各种媒介联系起来，还要把媒体整合起来。在这样的设计框架下生产出来的信息，会渐渐地发展成能为多种媒体服务的融合信息，其机构则会演变成媒介品类齐全且能融会贯通的新型组织机构，在这样的理念下培养出来的人才也必将会成为懂得用户的需求、能掌握多种媒体采写、分发等技巧的"融媒体记者"。同时，原有的传统媒体也会成为具有全新理念定位和新型业务模式的融合传播平台。

第二节　融媒体时代传播的主要内容

一、融媒体时代传播的基本理论

（一）博弈论

博弈论解读中国媒介融合的制度需求，讨论制度如何产生、如何演进，阐明不同主体利益之间的博弈与平衡，与媒体融合整合功能的发挥，在其相互作用中做出战略选择。社会制度具有分配效应，制度框架设定着重强调整体利益，导致不同主体的利益与预期不相符，主体间的利益竞争和利益冲突。制度的形成是相关利益主体反复博弈的结果，具体体现在媒介与"政府部门""其他行业""系统内部"等不同主体间的冲突与协调关系。不同主体通过合作或非合作博弈，权力和利益的构成存在差异，用多个相互连接的博弈回合，打破既有制度框架下的均衡状态，最终影响着博弈规则、博弈过程和博弈策略的选择。

传媒产业的演进与传媒体制改革同步进行，是一个复杂而长期的博弈过程。信息技术的创新与扩散，打破了传媒与政府部门、传媒业内部、传媒和信息产业之间的界限，使产业界限进一步模糊，博弈主体的利益认识、权力结构、目标偏好发生了变化。对媒介融合过程中新出现的领域和行业，政府部门之间的"监管"与"不监管"，"独立监管"和"融合监管"策略之间做出选择。不同主体的策略选择，决定自身选择行为的收益过程，通过影响博弈成本，收益总量的提升，成本利益分布均衡，使参与博弈的主体策略组合最优，获得更多的实际收益。在产业链的各个环节，不同产业在资源位的变化和竞争中形成竞合关系，传媒业与多产业间的竞合发展使得博弈过程更加复杂，博弈成本更高。

媒介市场化为媒介制度发挥其逻辑作用提供了一个新的空间，传媒市场的供求关系、市场结构不断趋于合理优化，传媒产权改革集团收益最大化，促使传媒产业经济功能的实现。媒介制度受制于媒介生态所处的政治环境，包括媒介内部组织以及其所包含的各种因素与外部社会结构。按照不同的逻辑运行相互竞争，利益主体的形成和利益主体之间的共生关系在一定程度上保持了制度的稳定性、系统性和普遍性。由于基础技术、生存环境和功能定位的差异，以及制度主体与制度环境之间的发展、物质和信息的交换，而始终处于动态演进的过程中，不同的传播模式需要不同的规制体系，媒体融合需要建立适应动态调节新的规制机制。在既定的制度框架之下，每一种类型的媒体都形成了相应的生存和运作模式，随着时间的推移，媒体组织日常运作中的问题也会不断积累，形成对现有规制体系新的制度需求，从而促进媒介制度从上而下的调整和完善。

（二）公共产品理论

公共产品是指基于特定的公共价值，满足社会公共消费的产品或服务，能被大多数人消费或享受。政府运用其权威资源，提供公共秩序、基础设施、制度建设等公共服务，从话语层面走向政策层面，来回应社会需求，提供越来越多的公共产品，实现公共利益的最大化。政府、企业以及社会组织普遍参与，供给主体多元。政府负责履行公共服务之责，执行公共产品的供给，作为一种特殊的制度安排，政府并不进行公共产品的生产。双重属性和混合型体制的定位，传媒产品无偿性和有偿性的统一，决定了媒介产品生产者结构回归社会代言功能和媒体市场化，以事业性传媒机构为主体，以经营性媒体组织为补充，成为传媒公共服务改革的重点，破解媒介公共服务供给需求矛盾。

网络化治理模式突破原有的政府市场二元思维，将社会纳入管理设计，利用社会的公益属性，弥补市场缺陷和政府缺陷。通过市场效用竞争机制，补充政府供给公共需求的不足。政府—市场—社会结构相互制衡、相互补充，是政府部门的横向合作，政府、企业和社会的共同分工，并以三方利益融合为出发点，开放公共治理新视野，重建其组织运作和管理机制。公共治理视角为媒介服务的供给寻求一条现实路径，社会结构与需求的变化，从硬公共产品向软公共产品的转变，媒介公共治理模式需要进行相应的适应性转型，使游走于意识形态属性和商业属性之间的中国传媒，社会精神产品需求和供给更加多元，避免转型过程中缺乏公共性危机。

政府的公共服务职能是建设公共服务型政府的主要着力点，确立公共媒介服务的"量"和"质"的标准，本地公众对公共产品的偏好与需求，媒体以多元互动凝聚群体偏好。传媒产品供给以服务硬需求为导向，以满足人民生活需求为核心，具有公共物品属性的非排他性；媒介服务提供的信息是全社会成员的公共消费需要，以低廉的价格或是以免费的方式提供给受众，具有消费上的非竞争性。以数字方式在网络上广泛传播、流通的媒介资源与产品几乎不会产生任何边际成本，海量信息的零成本无限复制，由于信息产品的可共享性，利用市场机制不能提供优质供给的数量和质量，公共产品需求随生产力增长，社会产品公共性程度的高度，合理确定公共产品供给模式。

政府主要供给公共产品，量化标准包括公共性媒体视听内容的形式、种类、产量，网站信息的更新速度、信息量等，通过信息的存储、传输，实现空间维度上的延展和时间维度上的存续。质化标准则涵盖的范围较广、设计的难度较大，信息的非物质性保证了媒介产品的非竞争性，信息的客观、真实、及时、准确、健康和尽可能全面是公共性传媒产品基本的质量标准。同时，还有公共媒介服务提供的激励政策，通过行政系统内部激励引导方式实现转型，合作供给机制使公共服务供给更有效率。随着信息技术的应用，媒介产品的生产和传播，赋予大批具有现代企业特征的新媒体企业以及个人和非正式组织信息传播主导权。随着服务覆盖范围的扩大，产品质量的提升等考量因素的增加，针对不同类型和属性的生产者，选择与公共利益激励相容的监管模式，提高公共物品的供给效率。

（三）公共政策理论

公共政策经由政治过程选择，是国家与社会联系的纽带。政策价值、政策目标与政策工具组成公共政策的核心要素。政策价值作为公共政策的目的，通常反映了利益诉求和价值理念。采用不同的组织形式来实践不同时期和不同决策者的政策倾向、政策决策和政策实施。从政策的结构角度来看，政策是由政策主体、政策颁布目标和政策颁布环境组成的系统。政策的实施、行动方式的选择，对行业实践的反馈以及其他联系通常是在一定时期内并根据特定目标制定的，在执行过程中因新问题不断调整，并且根据授权以自上而下的方式实施政府科层制。

与由上而下的方法相反，自下而上的方法始于组织中的个人，并且政策链中的最低级别被视为政策实施的基础。在互联网环境下，自下而上的公众、媒介和政策议程之间设置明显增多。公共政策传播作为关键环节，网络监督实现各类诉求，呼吁政策变革，有效地促进公众对政策的理解与接受，政策的成功取决于实施过程中参与者的承诺和技能。无论是自上而下还是自下而上更传统的管理方法，作为地方政府的一种偏好选择，政策的性质始终包括应用于决策实施的一种或多种工具，以更为多样的执行方式和更为复合的后效评价结果作为保障，对政策创新设计及执行效果进行综合评定。

在媒体融合的背景下，中国的媒体发展需要不同的政策作为指导和支持。政府的制度安排对公共决策过程和政策的内容具有重要影响。不同的制度、结构或体制具有不同的政策结果，媒介政策需要根据行业发展进行调整和创新。基于信息核心技术的媒体融合带来了颠覆性的媒介形态和传播方式变化，信息时代媒体的政策设计需要充分关注新技术环境下的运营规律和发展逻辑。

社会的整体改革仍然是媒体政策宏观框架最重要的主导，由于社会需求、政治和经济环境的变化，不同时期媒体政策的目标以及实现顺序必须不断调整。与改革进程相适应的有关经济和社会政策，是指导媒介系统和社会系统协调发展的必要内容。媒体快速发展中与经济有关的政策设计，主要取决于国家和政府部门对媒体和产业实际价值的判断。国家和政府对媒介社会功能和社会价值动态调整，由宣传引导的旁观者转变为参与公共事物的共建者。公共媒介政策需要着重于如何促进仍保留其事业属性媒体机构的职业角色，以便更好地适应新的传播环境和社会需求，同时产业属性开辟了新闻市场化的道路，需要进一步鼓励和规范各种传播方式公共服务的作用功能。

二、融媒体时代传播的基本特征

融媒体时代，意味着信息内容与技术载体的融合，没有技术载体，信息价值将不复存在，意味着传播与接收的融合。在信息系统中，从传递到接收的时间差，对于那些不太苛刻的人，几乎可以忽略不计。这意味着提供信息产品和服务产品的融合，产品和服务已经有机地融合在一起。更体现了传统媒体与新媒体的严格分野已经被打破，组织形态、产品形态、生产流程和传播手段已经有了新的突破。

（一）融媒体的传播规律

传播规律与事物的发展规律是分不开的，融媒体时代信息的传播也不例外。传播强调的是自身与外界信息传输、接收、反馈的过程。根据信息的内容、形式、特征，结合融媒体时代的特点，可以将融媒体时代下的传播规律简要概括为以下四个方面。

第一，影响力取决于传播力。在信息技术的推动下，全球产业敲开了"工业第四代"的大门。信息技术带来的创新，可谓是风起云涌，互联网正在孕育，"颠覆性创新"时代即将到来。网络作为媒体传播的主导者，在拉近人们的距离、快速传递信息、影响舆论发展等方面具有其他媒体无法比拟的优势。随着网络的发展、融合和变化，使得全球逐步形成了命运共同体。在此背景下，通过互联网传递信息，进行文化交流、知识共享、传达民情社意已成为一种不可逆转的趋势。网络传播力的强大与互联网全球化的特点，决定了其在整个媒体发展和传播过程中的重大影响力。

第二，"自媒体"成为重要的"舆情"来源。随着网络和智能手机的快速发展，"自媒体"现象已经成为舆论的重要来源。越来越多的人选择在网上表达自己的看法，阐述自己对事情的看法，抒发自己的感受。这种自媒体的力量，是舆论民情的有力指向标，人们往往借助网络媒体等自媒体渠道，进行信息交流、传达民意，完成自身与社会的互动。

第三，主体地位的平等性规律。在传统媒体的影响下，主体和受众不是一个平等的双方，他们之间的关系是不平等的。受众只能被动地接受信息，传播者是信息的主导者。在融媒体时代，传播主体与受众主体之间的距离缩小了，传播主体可以通过有线、无线、电脑、手机客户端等方式传播信息、表达观点。而受众方无论在何时、何地，只要通过网络设备，就能平等地享受信息使用权限。

（二）融媒体的传播特点

西方有一位传播学的巨匠认为，这世界上没有一种媒介能够依靠自身独立存在。因此，两种媒介之间必须相互作用、相互依赖、相互融合，才能实现自身的作用。在融媒体时代，传统媒体与新媒体在有机融合的过程中呈现出新的特征。

1. 融媒体的传播方新特点

在融媒体背景下，信息传播方具有以下四个新特点。

第一，整合性。在融媒体的时代背景下，各种媒介的互动与融合为媒体的持续发展带来了新的契机。在传统媒体与新媒体各具特色的氛围中，百花齐放、百家争鸣，形成了整合传播的新局面。媒介发展的自然规律是各种媒介共同发展的结果。新媒体掩盖不了传播媒体的"熠熠光辉",传统媒体也阻止不了新媒体的"推陈出新"。随着社会的发展,人们的物质文化和精神文化的范围不断扩大,空间也不断变化。当电视刚出现的时候,有些人认为这种传播方式比广播有更多的功能,它肯定会取代广播;后来,网络媒体的出现在传播方式上有了新的突破和进步,于是又有人认为网络媒体将取代电视;无独有偶,电子报纸、期刊出现的时候,有人认为这种便捷、低成本的方式会取代传统的印刷媒体。但事实一次又一次证明,这些担忧是杞人忧天。虽然新的传播方式已经聚集了许多特点和优势,但它仍然不能完全取代旧的传播方式。新媒体的出现也被很多人认为是对传统媒体的一种替代。然而,事实证明,虽然新媒体的出现给传统媒体带来了挑战和威胁,但传统媒体也有其自身的权威性和竞争力,可以找到自己的位置。在新的传播模式下,传统媒体与新媒体达成了某种程度上的平衡,来到了我们所说的"融媒体"时代,这也导致了媒体传播"整合性"的新特点。

第二,丰富性。在融媒体时代下,传播方不再是简单的问题发现者和声音的传递者。在社会生活中,公众可以使用身边的各种设备与外界交流,通过新闻等方式浏览和查看自己感兴趣的信息。因此,传播主体的丰富性成为最大的特点,传播的内容不再局限于某一领域,而是可以包罗万象。在形式上,融媒体也向人们展示了一个更加丰富多彩的世界,不同学科、语言、文化等消息相互交替,共同构成一个融媒体时代综合体。

第三,多媒体性。在融媒体时代,传播者不仅可以利用传统的报刊,依靠文字、广播、声音、视觉等媒介来表达自己的意愿,还可以选择文字、图像、动画相结合的方式,以新的方式进行信息传播。多媒体性指在融媒体时代背景下,传播方的选择更具有多样性,将媒体的多种特性进行融合,形成统一的传播综合体。这个综合体除了可以阅读文字、收听声音、观看视频外,还可以随时互动,与其他人分享自己的心情。通过媒体终端,受众可以充分享受多媒体技术带来的便利,实现一边写作,一边听音乐,一边观看视频的愿望。

第四,隐蔽性。由于融媒体时代的到来,信息的编辑和传播可以通过隐藏身份的形式进行,媒体的表现形式具有无形的特征。在虚拟世界中,信息源上可能存在隐藏的特征,只留下网络上的信息,信息源变得非常隐蔽。一旦一个人的身份被隐藏,剩下的活动都是用虚拟身份符号进行的,因此,信息的传播具有非常明显的隐蔽性特征,这也为网络时代下的网络安全埋下了隐患。

2. 融媒体的受众方新特点

在融媒体时代下,受众方的特点也有所改变,主要有以下四个特点。

第一,主动性。在传统媒体的背景下,受众方对信息的控制是有限的,只能被动地接受信息，没有主动性。在融媒体时代，受众可以更好地表现自己的特点和特色，在传播过程中，主动表达自己的观点，实现两者之间的相互交流。一旦明确了定位，明确了角色，各自角色的格局就被打破了，取而代之的是两个主体之间的双向沟通交流。信息的流动也从单一的沟通渠道转变为双向交流。这种传播方式意味着受众可以是信息的接收者，也可以是信息的发送者，还可以是信息的反馈者。形式上的不受限制，时间上又有了多余的空间，对于身边发生的事件，受众方可以通过自己的客户端表达自己的看法、观点、意见，还可以将自身的语言分享给其他人，这种主动性丰富了融媒体时代受众方的交流。

第二，碎片化。"碎片化"是对当前融媒体背景下受众群体的形象描述。"碎片化"是由"完整东西破成诸多碎片"衍生而出的涵义，它强调的是原来的整个事物逐渐被打碎成许多细小部分的状态。当前融媒体的主要特征之一是"碎片化"，既包括信息传播的碎片化，也包括受众群体的碎片化。媒体传播面对的受众群体不再是一个整合的统一的部分，相反在这个过程中涌现出了许许多多的个性和价值。这些个性和特征在传统媒体主导的格局下被掩盖，新媒体的出现，使得这些个性和特征得到了前所未有的凸显和关注。因此，融媒体时代受众的典型特征是受众群体的碎片化。受众的分化形成了受众群体的"碎片"。在融媒体传播的受众中，存在着许多细分的个性化群体，这些群体带来了不同的认知特征。受众群体的碎片化使得不同个性、兴趣取向、群体层次的人群的媒体接受习惯、交往媒介产生了天南地北的差异。

第三，公众化。公众化探讨的是媒体私人空间与公共空间的范围。与传统媒体主导下的空间格局不同。在融媒体时代，私人空间与公共空间彼此之间的鸿沟逐渐消失，界限也越来越窄，这两种空间之间的距离越来越短。越来越多曾经视为隐私的内容，逐步成为公众讨论的对象。在新媒体表达形式中，出现了新的群体，他们将自己的隐私和想法暴露给公众，并接受公众的监督和议论。更有很多互动式环节的设置，真人秀的表演，生活中的采访，这些都使得融媒体时代下私人空间在逐步向公众化转变。

第四，实用性。网络时代最大的特点是信息向短小精悍的变化，向只言片语转变，向碎片化转变。信息的交流日益庞杂、丰富和堆积。人们在信息的迷宫中寻找有用信息的方式有很多种。面对浩如烟海的信息环境，受众需要越来越多的信息渠道，通过各种渠道整合自己的信息，渠道也越来越广泛，同时对媒体的要求也越来越严格。各种传播媒体只能尽其所能，推送出受众喜好的信息。针对受众的喜好，改变曾经传统媒体主导时代下的心态，为受众提供最具有实用的特点。新鲜性、接近性、趣味性都是信息受众者最基本的挑选标准。

（三）融媒体的传播格局

当代是一个经济和社会发展的多样性凸显，社会舆论复杂、善变，传统媒体与新媒体之间既相互竞争又相互整合的新时期，媒体在传播内容、传播形式、传播群体、传播方法上不断扩展、突围、改变，新的多元化媒体传播趋势持续进行。20 世纪 90 年代，电视、报纸和广播占据了主导地位，当时这三种传统媒体主宰着世界的媒体市场。随着网络技术的不断发展，导致了网络媒体的迅速发展。经过发展，三种传统媒体主导市场的格局被打破，传播格局最明显的变化就是新媒体的出现。电视媒体因为自身的独特特点，与视频和网络进行了密切融合，提高了自己的竞争优势。这种传播模式还不稳定，手机媒体打破了这种模式。通过无线通讯领域的创新与开发，手机媒体吸收了互联网和无线网络的优势，同时利用客户端将二者融合起来，逐步成为媒体领域的"第五媒体"。随后，4G 网络在国家蔓延，加大信息基础设施建设、提高网络宽带，促进网速的快速提升能够有效地增强手机媒体在传播格局中的"地位"。手机媒体作为"第五媒体"，单纯的通话功能已经得到了巨大的扩展，逐渐演变成人们生活交往中的文化、交流、传播信息平台。这意味着传统的媒体格局将发生巨大的变化，意味着国家已经将提网速、降网费上升为国家战略，国家积极加大网站投资，降低流量资费，手机媒体的发展前景愈来愈明朗。

然而，网络媒体与手机媒体的快速发展，传统媒体也并未如部分人预测那样消亡。传统媒体通过发展自身的权威优势和内容特色，在传播技术不断变革、传播载体不断变化、传播手段不断更新的情况下，积极转型，在传播格局中竞争，寻找自己的生存空间。通过传统媒体与新媒体的融合、转型与创新，在当前的传播格局中形成了多元传播的局面。在多元传播格局下，舆论引导新形势，受众产生新要求，媒体产生新任务。传统媒体和新媒体都应遵循"传播规律"，以开放的视野，扩大媒体传播的作用，释放社会群体的正能量。在融媒体的时代下，每一个人都是传播者，每一个传播者都能对信息进行加工，社会上的每一个人都享有传播和被传播的权利。因此，有必要通过各种有效途径，逐步建立符合社会主流价值观的舆论引导体系。这一系统需要同时满足文化力、影响力、引导力三个因素，使三者有效结合。在此基础上进行建设、创新、更新。融媒体时代下的舆论引导体系如下图 1-1 所示。

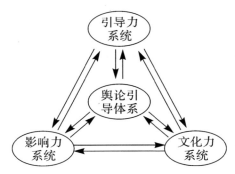

图 1-1　融媒体时代下的舆论引导体系

由此可见，舆论引导体系需要使影响力、文化力、引导力三者较好地融合在一起。建立新型舆论导向体系的理由是不言而喻的。

三、融媒体时代传播所面临的困境

在融媒体迅速发展的今天，传统媒体可谓被推向了风口浪尖，机遇与挑战并存。面对以互联网为平台的新媒体，传统媒体传播效果已经无法同具有传播交互性优势的新媒体相媲美，其盈利模式也受到了前所未有的冲击。

（一）同质化严重导致"信息茧房"

随着信息处理、存储和传输技术的发展，以及信息生产门槛的降低，大量的信息日渐涌入互联网。在信息海量、具量化，甚至天量化的背景下，用户的关注成为一种极为稀缺的资源。从用户的角度来看，从海量的信息中获取有价值的信息供自己使用是极其困难的。对于信息的生产者和传播者来说，如何使自己的信息脱颖而出，被目标用户所注意，就显得尤为重要。在这样的背景下，传统媒体也在积极改写信息的生产和传播机制。

1. 观念陈旧技术落后

在传统媒体中，电视作为权威媒体，长期以来一直是受众获取信息的主要渠道，受众大多停留在"播什么看什么"低限度的需求，这极大地阻碍了电视新闻转型的推广。换句话说，如果电视新闻想要抓住这个机会，寻求更好的发展，必须创新思维，充分利用"网络＋"和电视媒体的整合，并注意受众的信息需求和偏好，唯有如此才能走出如今尴尬的境地。

除了观念上的不足外，国内电视新闻传播面临的另一个困境是技术的落后。传统电视新闻向融媒体转型的成功与否取决于技术条件。在融合的基础上，利用新媒体技术打造自由信息终端平台，推出各自专属的手机软件，是很多电视媒体对融媒体的战略。然而，大多数电视媒体的手机软件产品存在用户量少、活跃度低、用户体验差、影响力有限的问题。电视传媒的手机软件产品基本上是外包定制，也就是委托专业软件开发商开发并由其维护，自己只需要填充内容，其自身并没有相应的程序开发技术、操作人员去构建与维护平台。由于这些局限性，其对于用户体验和信息产品的投入力度不足，水平还有待提高。其根本原因主要在于两个方面：第一，传统媒体缺乏高水平的技术人才；第二，无法为技术人才提供必要技术设备的配置，二者相辅相成缺一不可。

2. 创新力薄弱

在融媒体的背景下，电视媒体面对收视率和收视份额的下滑，积极探索创新方式，抛弃原有的制作和播放方式，是电视传媒发展的新趋势。从我国现有的电视传媒来看，都在积极创新节目互动。这导致了互动效果雷同，受众参与性极低。主要体现在两方面：第一，大多是在节目播出的过程中接入文本链接，以满足受众对电视媒体深度信息获取的需求。第二，加强跨媒体资源整合以丰富推广方式，如开通官方微博、手机移动端、社区活动等。纷纷效仿导致大部分的电视媒体都风格相似，创新程度不足以对其发展造成本质上的影响。

3. 同质化严重

目前，传统媒体的创新程度不高，其播出机制和传播方式局限于特定的机制，而对别的媒介方式尝试较少甚至不加尝试，使其拘囿于自己的"茧房"。如电视媒体的盲目跟风，使得许多电视媒体只对榜样式的民生栏目进行复制，其报道的内容、方式以及定位都有明显的相似性，造成了其设置和定位的同质化。

纵观传统媒体的报道角度，都是关注于百姓家常琐事或自然灾害的报道视角，这样单一的报道形式造成了受众的审视疲劳，造成了报道角度的同质化。在主持风格上，孟非亲民式主持风格的成功，让从事传统媒体人主持人模仿了多年，甚至现在还有很多支持人效仿，造成了传统媒体主持风格同质化。

（二）媒介单一导致交互性不足

1. 多媒体整合欠缺

传统媒体主要靠形成视频为主要的传播模式，而新媒体可以通过文字、图片、音频、视频、Gif 动图、直播、小程序等形式推送新闻信息，以此来增强用户阅读的新闻现场感和形象生动感。新媒体在很多方面都能吸引受众的注意力，这就要求传统媒体对新媒体进行全面的整合，以满足不同受众的观看习惯。由于创立新媒体的时间较短，尚未形成较为成熟的模式。大多在其官方公众平台转发当天的重点新闻、主要通知、天气预报等关于民生领域的信息，"复制"当天电视传播的内容，"粘贴"在新媒体端。这样的生搬硬套不仅丧失了新媒体作为移动端存在的意义，而且没有关注到受众接收信息的喜好，更没有及时贴切的互动。

因此，使传统媒体在新媒介的探索之路上显得举步艰难。电视媒体和移动媒体端各自平行单向的发展，使得媒介整合势在必行。建设传统媒体和各种新兴媒体的多位一体指挥中心和控制平台势在必行。

2. 交互性不足

在探索和受众的交互性方面，虽在媒介推送和互动方式上做了探索，但是效果极微。造成的原因主要是推送方式陈旧落后，受众群体不广泛。但是，很多传统媒体纷纷开始探索直播平台。因其能增强与用户的互动沟通，是拉近用户距离的重要媒介渠道。现在直播也是各个媒介机构利用较为直接、频繁的形式，这也应该作为传统媒体编辑们重点开发和利用的媒介形式。

（三）求实缺乏导致有效性不高

1. 求实精神缺乏

在传统媒体的传播中，对弱势群体的报道上常常会带有一些感情色彩。在媒介监督方面，一些媒体往往缺乏专业性，会在实际报道过程中，缺乏对报道基础的深入了解。这往往导致传统媒体传播的新闻信息缺乏客观性，造成不良后果。因此，传统媒体在进行新闻信息传播的过程中，要保持清醒的头脑，深入群众中了解客观的事实，倾听老百姓的声音以寻求解决问题的方式，公平客观地传播新闻信息。

2. 有效性不高

在融媒体的发展模式下，移动互联网趋于成熟，作为移动终端的手机、平板电脑等科技产物已经走进千家万户。给用户信息传播的表达带来了多样化，加强了信息传播的伴随性和有效性。在融媒体的背景下，信息传播的生命力在于其有效性和时效性。每个拥有移动终端的受众拍下来的新闻信息素材，通过互联网上传到各种平台，这样汇集了无数公民信息提供的素材后，较之前单向传播的电视传媒来说，有效性逐渐增强。观众也可以使用自己的移动设备随时跟进新闻信息的发展情况。目前，大多数的传统媒体仍然依靠从业人员的信息收集和群众电话举报，导致以下两方面的问题出现：第一，每个传统媒体的工作人员有限，并且工作人员的关注力和认知结构有限，这样就会造成信息收集的局限性和偏见性，信息的客观程度有限、新闻选题单一；第二，群众来电这样的新闻信息，会受到群众情绪和群众所在阶级的影响。

因此，传统媒体信息收集的模式使信息收集相对零散，会让它产生平民化的倾向，导致在宏观环境下信息的有效性不强。满足不同层次受众的信息需求，传统媒体不仅要与各种移动终端竞争关注度，还要应对来自媒体力量的冲击。传统媒体要不断增大选题范围，增强在不同受众中的有效性。而新媒体呈现出一种伴随式递进的有效性。

（四）管理落后，人才缺失

在传统媒体的改革过程中，原有的人事结构和体制势必受到一定冲击。新形势下，传统媒体无论运营思维、话语形态还是采访方式都发生了新的变化，客观上对传统媒体的传播策划人才提出了更高的要求，不仅要求其更新制作观念，还要对专业技术的运用游刃有余。然而，传统媒体人才不足、人才流失严重，特别是缺乏高层次传播策划人才，严重影响传统媒体制作的后续发展并影响受众，导致其传播力和影响力受损。优秀的人才必须有更高的薪资待遇才能与之匹配。由于传统媒体的影响，商业资金的投入少，以新媒体为代表的互联网企业在工作环境以及薪资报酬方面都具有更大的优势，调查数据显示，传统媒体从业人员的月收入基本在万元以下，传统媒体从业人员几乎没有固定的休息日，且常规工作时长平均在 10 到 12 个小时，而新兴媒体和自媒体工作者工作时间相对自由，订单和项目制的工作方式使得时间上能够自由分配，这些优势对拥有专业技术的人才更具有吸引力，许多在传统媒体的从业人员纷纷"跳槽""下海"，人员离弃是传统媒体传播策划过程中不得不面对的一个严酷的现实因素。

近年来，在传统媒体的传播策划领域，虽然也有新鲜血液的流入，以年轻人为主的团队，在观念意识等各方面紧跟时代潮流，但他们的专业水平有待提升，对于传统媒体事业和企业的忠诚度和认同感方面具有较大的不确定性。

（五）技术落后导致互动性不强

1. 新媒体的兴起

传统媒体是单向式的传播，作为信息的制作者负责发布信息，受众作为传统媒体的接受者接收信息。这种传播方式的弊端是受众只能被动地接收信息，不能将自己的观点和想法反馈给传播者。这样就造成了传授双方极其不平等的传播关系。

在融媒体时代下，新媒体随着新技术的出现而被大众广泛使用，这改变了传统媒体传播的弊端，使传授双方的交流空前便捷。丰富的传播渠道和更加多样化的信息来源，使公众更加积极地获取信息。这也迎合了当下受众对信息获取的需求。这种从固化到便捷的转变，也是互联网时代下受众收视习惯的转变。融媒体恰好给传统媒体带来一场"颠覆式"的革命。

融媒体扩宽了受众接受信息的渠道，受众通过不同的移动终端，随时接收自己喜爱的信息，还可以进行评论和转发。其强大的互动性，使受众从被动接受到主动寻求，增强了受众接收信息的动力。

2. 传统媒体技术落后

传统媒体播放形式，主要以直播和重播的形式。直播虽然可以保证信息的实效性，但主要应用于重大突发事件的报道，传统媒体因怕消耗大量人力物力几乎不会采用。例如，电视台的直播技术主要是卫星新闻采集，由于距离和设备限制等因素，大多集中在一个地区的省会或者大的城市。如果传播小的或者偏远的城市信息，其设备的运送和安装从事情发生到传播会消耗很长的时间，时间成本过长，失去了信息的实时价值。

融媒体对信息的发布不受设备运输和播出机制的影响，信息的发布者可以是信息的当事人，也可以是关心信息发展的普通大众。与此同时，网络的传播速度也超出了传统媒体的传播速度。另外，在受众接受信息的环节，只要有网络，融媒体就可以通过手机移动端来接收新闻，而传统媒体只能依赖电视、广播等，融媒体的易协性更加凸显。

（六）传播效果被削弱

传统媒体自诞生以来，就凭借对中国发展的大事件做记录式报道和实事求是的点评，以及调查式地报道信息事件，获取了不可剥夺的国家权力话语权。虽然传统媒体作为官方传声筒，一方面具有很高权威性和公信力，另一方面是高高在上的单方面发声。任何事情都是多方面的。所以在单方面传播的过程中，受众不一定完全认可，也很少能够发出自己的质疑之声。随着融媒体时代的到来，这种局面已经被打破。原来的观众可以自由发言，自由表达自己的观点。传统媒体在信息传播领域中的绝对话语权受到挑战，其传播效果受到极大削弱。

首先，一部分传统媒体已经转型为新媒体。这类网络短视频新闻的崛起非常迅猛，凭借传统媒体的资源和生产方式拥有巨大的优势，对电视新闻时效性和公信力造成了一定冲击。

其次，传播渠道的多样化必然会导致受众的分流，从而导致传统媒体的收视率降低。由于受众无论是通过计算机、平板电脑，还是一部智能手机，都能轻易获取相同的视频信息资源，都可以轻轻松松获取当下的收视热点和感兴趣的新闻内容，所以传统媒体所提供的信息不再具有垄断性和稀缺性，其传播效果自然大打折扣。

最后，信息传播的时空局限被打破，信息传播更加广泛更加自由，民众参与度也更高。即使在传统媒体报道之后，对事件发展感兴趣的观众也会首先关注事件的发展。这样一来，不断参与到相同媒体的网友就通过网络和手机进入同一时空，相同的事件被大家一起传播和分享，信息不断被交换。此时，如果传统媒体报道出现重大延误，无法向受众提供更多的信息，那么新闻报道与受众期望便形成明显的不匹配。网络作为一个开放的空间，赋予受众充分发挥话语权的功能，引导受众探索新媒体，发出自己的声音。此外，传统媒体也有很多弊端，一方面，时效性难以与新媒体抗衡；另一方面互动性不足。缺乏互动使受众感到自己是不重要的，相应的传统媒体新闻被受众疏离和冷落。随着融媒体的快速发展，传统媒体失去了主导地位，其传播效果已被新媒体远远超越。另一方面，通过网络各个阶层的人代表着不同的世界观和价值观都可以站出来表达观点，官方发布的信息也不再认为是唯一可靠的信息，正确的言论夹杂于多种信息中，导致民众对于芜杂信息难以辨认。

与此同时，在融媒体时代，面对生存与舆论引导双重压力，传统媒体为了生存不得不在传播策划中生产一些迎合观众喜好的内容，而受众能通过各种渠道发出各种不同声音，这难免会使传统媒体的舆论引导功能受到影响，甚至在宣传导向上与政策产生冲突。

此外，如果传统媒体采取多元化的传播方式，在某种程度上也能增强传播效果，例如新闻直播风格活泼就会吸引了网民们的频频点赞。这种新鲜、有趣、接地气的风格使严谨的新闻播报让观众眼前一亮，但也使电视新闻节目处于尴尬的境地，即娱乐化和保持严谨该如何取得平衡，值得思考和探讨。

因此，如何在国家建设和发展中，在与人民群众生活的方方面面中，策划并做好有价值和有参考意义的信息传播，是传统媒体传播策划者必须面对和应对的挑战。

（七）创收下滑盈利模式滞后

由于融媒体时代独具特色，人们可以随时随地浏览客户端新闻，创新了阅读方式。人们随时随地用一部手机或平板电脑就可以进行阅读书籍、浏览网站和点播任何节目。传统媒体应如何将传统的计算机终端传播方式与移动终端的方式实现完美对接，这是值得深度研究的挑战。今天，人们可以自由在他们的移动设备上观看视频节目，但传统媒体的视频点击量却非常少，也使得移动终端的使用仅仅成为传统媒体的点缀，虽然具备了随时随地观看及往期回顾等特点，但依然无法吸引受众，不能实现传统媒体与新媒体相结合从而发挥其自身优势的愿景。那么导致传统媒体与新媒体的融合，却无法为其带来利润增长点和传播效益的主要原因在哪里呢？新媒体的发展如火如荼，互联网吸引了更多的关注与目光，这也使得传统媒体的经济效益下滑，毕竟广告可以说是其经济来源的主要方式。此外，新媒体资源丰富，互联网用户多为20～45岁的消费者，而传统媒体受众集中在45岁以上。融媒体的迅猛发展使得传统大众媒体遭遇"滑铁卢"，发行量、播放量大幅下降，收益也随之缩水，广告商更加青睐新媒体，数字广告也广泛投放于新媒体中。

新媒体的盈利，主要体现在两个方面：第一，靠访问量和点击率从而吸引广告主；第二，提供网络增值服务和产品，通过用户群体大量的关注量和点击率成为流量入口，从而吸纳了广告投入。与传统媒体相比，新媒体盈利方式灵活性高，收益也高，而传统媒体大多离不开政治文化属性，所以运作模式也较为单一，大部分采用产业手段实现资金流通。

（八）新渠道的占领与冲击

美国学者提出，以互联网为代表的新媒介作为界限，大众传播可以划分为两个时代——第一媒介、第二媒介。第一媒介为传统的媒体传播方式，其为一种树立中心意识的单向传播方式，表现为由少数人主导，传播方式为一对多或者点对面。例如，电视新闻输出平台就是电视台固有的栏目，每天定时定点播出，一旦不在固定时间收看，受众只能错过或者选择收看重播。第二媒介时代信息的传播载体以及模式上历经巨大改革，以融传媒为代表的中心地位正在逐渐瓦解。传播去中心化的特征越加明显，同时主体获得了解放，几乎人人都可以参与到点对点的双向沟通中。

融媒体时代属于第二媒介时代。传统媒体往往会选择立体化的传播方式，把内容通过新媒体输出。这样，即使错过直播，受众一样可以通过多种渠道随时随地来获取需要的新闻信息。为了更好地宣传自制新闻节目，传统媒体往往走多样化之路。融媒体在真正意义上给传统媒体传播策划在传播方式的多样化选择上带来了便利。

此外，除了外部新媒体渠道，传统媒体也在拓展传播渠道上做出了积极探索。例如，电视新闻节目纷纷推出了节目专属的手机客户端，在新闻播出的第一时间将内容在这些客户端上同步推送，通过不同的渠道推送传播相同的新闻内容。这些传统媒体推出的客户端，运行情况却参差不齐。尽管当前有很多的传统媒体均开发了相应的软件平台，看似已经在媒体融合上迈出了重要的一步，但在实际操作中却是把生产的新闻内容简单复制到这些新媒体上去，认为这样就做到了传统媒体与新媒体的融合，这种错把"捏合"当作"融合"的观念在很多传统媒体从业人员的工作方式上都能得到体现。融合不是简单复制，而是在传统媒体的传播策划之初，就应当合理安排报道内容的呈现，根据媒介不同则采取的形式不同，针对受众的特性推送新闻信息。

第二章　融媒体时代的传播类型

媒介的融合给社会的方方面面都带来了影响，特别是对传统媒体发展的冲击，带来挑战的同时也带来机遇。以下分别从电视新闻传播、自媒体传播以及舆情传播三个方面阐述融媒体对传统媒体的冲击。

第一节　融媒体时代的电视新闻传播

一、电视新闻的相关概念

融媒体电视新闻节目，是以电视为主要的传播媒介平台，结合其他报纸、广播、互联网、手机等媒介，将它们的新闻来源、传播渠道、反馈信息加以融合，在电视台把关人制度的审核制度下再进行传播。其中不仅有媒介的融合，更有媒体的融合。

（一）节目、电视节目与电视新闻

我们似乎每天一回到家就会打开电视看新闻，了解这一天国内外发生的事情，可是什么才是电视新闻节目呢？它又具备哪些特点？在明确电视新闻节目的定义前，我们先明白什么是节目，什么是电视节目，什么又是电视新闻节目。

树木枝干交接的地方称之为"节"，树木纹理纠结不顺的地方称之为"目"，后来演变成文艺演出时表演的作品。电视由于普及和自身传播快、影响大、覆盖面广等特点成为主要的大众传播媒介，几乎所有的艺术作品都要借助电视的传播优势来增强节目的知晓率和普及度。随着时间的推移，"节目"一词被用到广播、电视领域，指广播电台、电视台播出的项目。

电视节目，从字面理解就是通过电视媒介播放的节目内容，其实很多专家学者都给出了自己的理解。随着我国广播电视事业的发展，电视新闻的定义也发生着改变和更新。20世纪90年代初，专家学者给出的定义是：电视新闻是以现代电子技术为传播手段，以声音、画面为传播符号，对新近发生、发现或正在发生、发现的事实的报道。随后，经过业界的实践，给电视新闻的最终定义：电视新闻是以现代电子技术为传播手段，以声音、画面、文字为传播符号，对新近发生、发现或正在发生、发现的事实的报道。换句话说，电

视新闻就是电视通过一些手段和方式对变化着的事实进行及时的报道。

（二）电视新闻节目的界定

电视新闻节目是新闻消息、各种资讯的传播载体之一，长到几十分钟的新闻评论、深度报道，短到甚至只有几十个字的滚动字幕。新闻节目在我们的日常生活中发挥着必不可少的作用，因为人们每天都想知道身边的世界发生着什么，所以电视新闻节目在电视台各类的节目形态中无可替代。随着科学技术的发展和创新，新闻节目在其不断发展的过程中，也呈现出在制播方式、播报语言、题材选择等方面更为丰富多彩的样态。

电视新闻节目是传播新闻消息、引导舆论的重要工具。目前，学界和业界从内容、分类、功能等方面对电视新闻节目做出界定。

在内容方面，新闻类节目是以传播新闻、报道真人真事为主要内容的电视节目的总称，以播出消息为主，同时也播出电视评论、专题报道、电视专访、调查报告、记者来信、电视新闻纪录片等。电视新闻节目是指电视屏幕上播出的新闻消息、分析、解释与评论新闻事实的各种新闻节目的总称。

在分类方面，把电视新闻节目分为微观、中观、宏观三个层面。微观层面的电视新闻节目一般是指电视新闻传播内容、形式相结合的最基本的视听单位；中观层面的电视新闻节目一般是指电视新闻栏目这一收视单位；宏观层面的电视新闻节目一般是指电视新闻频道这一收视单位。

在功能方面，新闻节目是以播发消息为主，旨在迅速及时反映客观实际的重要发展变化，借以满足公众信息需求，引导社会舆论的节目类型。

综上所述，媒介融合中备受争议的核心概念——"媒介""媒体"，在此基础上又厘清了它的延伸概念"自媒体"和"多媒体"，着重分析了"融媒体"和"全媒体"的区别，而当下的媒介环境选用"融媒体"更为贴切。融合不仅是"介质"的融合，更是组织机构、人员之间的重新整合，当一种新的元素（新媒体）被导入一种旧的环境（传统媒体）中时，我们所得到的并非在旧环境中加新因素，而是创造一种新的环境。当然，新的程度取决于新因素在多大程度上改变旧系统。

二、融媒体电视新闻发展的动因分析

（一）传统电视新闻节目

在融媒体时代，人与人的交流更加数字化、便捷化、智能化，这既凸显了科技进步给人们生活带来的好处，也凸显了传统媒体和新媒体间争锋的矛盾点。传统媒体渐渐"失宠"真的是因为新媒体的出现吗？如果没有新媒体，传统媒体是否还会傲立枝头呢？实际上，"新媒体"的出现是时代发展的必然结果，对于传统媒体来说，它只不过是"压死骆驼的最后一根稻草"。我们首先来梳理一下电视新闻节目的产生发展。

1. 传统电视新闻节目发展遭遇瓶颈

中国电视新闻节目的发展历程大致可分为四个阶段。

第一阶段：从 1958 年到 1977 年，这一阶段属于中国电视行业刚起步的时期。由于技术落后等因素的影响，电视新闻节目相对简单，最早的新闻节目主要由播音员对图片内容加以解说。

第二阶段：从 1978 年到 1992 年，由于科学技术的进步，与新闻节目相关的采集设备逐渐完善，节目开始向录像方式过度。这一阶段的新闻节目已经开始变得更贴近百姓了，无论是从主持人的播报方式、穿着打扮、肢体语言还是节目的内容。在传达主流价值观的同时，更关心群众关注的敏感话题。

第三阶段：从 1993 年到 1997 年，这一阶段堪称新闻节目的繁荣阶段，各种经典的电视新闻节目在这一时期如雨后春笋般脱颖而出。一些节目大胆的采访、犀利的点评成了它的特色。还有一些节目用叙事形式，以调查采访为主，深度剖析事件的来龙去脉，还原事件真相，对其进行全方位多层面的深入挖掘。其中有事件性调查、舆情调查、内幕调查、主题调查。

第四阶段：从 1998 年至今，在这一阶段新闻频道开始建立，娱乐节目陆续播出，电视新闻节目开始广泛运用直播化手段由播新闻转为说新闻，同时民生新闻大量涌现、特别节目层出不穷，节目形态逐渐变得丰富多彩，但也出现了媒介界限模糊不清、娱乐至死等特征。

2. 传统电视新闻节目类型呆板固化

电视新闻节目按照体裁分，主要有以下几类：

（1）消息报道类。消息指只报新闻事件概况，不报道其中细节的一种新闻体裁。具有简明扼要、客观明晰的特点，时间基本在 1 分 30 秒以内。这类型也是目前新闻节目中最常见的类型，它有助于扩大节目的信息量，能让观众最快速地知道身边发生的事情。

（2）新闻专题类。新闻专题指就某一新闻题材所做的深度报道，这种报道较为详尽且有深度，是对新近发生的重大事件的充分报道。目前我国电视新闻专题节目主要有故事类新闻和调查性报道。

①故事类新闻。这类新闻就是以讲故事的手法记录身边新近发生的新闻。此类新闻较为注重故事的叙述形式，会像讲故事一样将新闻事件的来龙去脉交代清楚，有跌宕起伏的情节和层层铺垫的悬念。故事类新闻一般具有故事感染力、戏剧冲突性、情节完整性的特点。

②调查类报道。这类报道我们看到的比较多，它是一种较为系统、深入的以揭露问题

为主的新闻报道形式。调查类的新闻以揭露为核心，充满矛盾和冲突，吸引了大多数观众的关注。

（3）新闻评论类。每档评论类的节目都会出现时事评论员，通过这些节目和评论员的风格，我们可以知晓什么是新闻评论类节目。

（4）新闻直播类。"直播"字面理解为直接播出，也是将演播室里的信号实时发送并同步进行播出的节目形式。新闻直播类的节目目前主要以新闻现场的内容为主、记者采访为辅。以演播室的访谈或者主持人来调度衔接作为补充手段。

（5）新闻谈话类。新闻谈话类节目采访的形式是一对一，有的节目会安排现场观众，有的则没有。重点在于邀请的嘉宾多为政经界、娱乐界、商界、文化界的精英，就当下人们关注的热点问题、焦点问题进行对话交流。同时有的新闻谈话类节目还设有场内、场外观众，他们通过网络渠道进行提问，提出大家关心的话题，让嘉宾一一解答。新闻谈话类节目为各种意见、各种分歧、各种见解、各种思想交锋提供了一个平台。

经过几十年的发展，现在打开电视呈现在我们面前的依然是这些节目，不得不说传统的电视媒体改革步子走得太小。即使没有新媒体的出现，传统媒体的路子也会越来越窄，因为它一直停留在小修小补和维持稳定的基点上，可是实践的结果证明，没有大的变革就不会有大的成效。

（二）新媒体视频新闻

在融媒体时代下，对传统电视新闻节目冲击较大的就是网络视频新闻和手机电视新闻。

首先，了解一下什么是"网络视频"。目前，网络视频主要包括视频搜索、视频分享、视频直播。视频搜索就是利用搜索技术将所有视频节目进行分类和整合，有了视频搜索，用户就可以找到自己喜欢的视频节目。视频分享更加注重用户的体验，为用户提供平台，鼓励用户将自己拍摄的视频上传网上和大家分享。视频直播是互联网和电视共同的产物，它借助互联网技术传播电视节目内容，用户可以在网上看电视直播。目前，还有一种视频直播让用户可以自己生产内容现场直播。有了网络视频，用户就可以将自己的作品上传并被大家所熟知。

然而，在媒介融合的时代，媒介的变化是多种多样的。广义上，手机电视就是利用卫星广播、数字电视广播、移动网络，在特定的智能手机等移动终端上观看的视频节目。网络视频和手机电视也因为自身灵活性、便携性、互动性等特点，在一定程度上分流走了传统电视新闻节目的观众。当然，这两种视频新闻的出现也离不开技术层面的支撑、受众的需求和市场的竞争压力。

1. 前提条件——技术支撑

媒介的发展与科技的进步有着直接的联系，技术创新是媒介发展的前提条件。

数字技术，是新媒体的核心技术，有人称新媒体是数字媒体。它是一项与电子计算机相伴相生的科学技术，是指借助一定的设备将各种信息，包括图、文、声、像等，转化为电子计算机能识别的二进制数字"0"和"1"后进行运算、加工、存储、传送、传播、还原的技术。由于在运算、存储等环节中要借助计算机对信息进行编码、压缩、解码等，因此又称为数码技术、计算机数字技术等。数字技术也称数字控制技术。换句话说，计算机是信息处理设备，它主要用于管理和处理文本以及数字，而广播、电视等传输设备主要是传播影像和声音。正是有了数字技术，信息的交互才成为可能，多种媒介才会融合。

计算机网络技术。如果说数字技术是支撑信息内容共享的基础，那么计算机网络技术就是支撑信息传播的平台。计算机的网络技术就是通信技术与计算机技术相结合的产物。计算机网络是按照网络协议，将地球上分散的、独立的计算机相互连接的集合。连接介质可以是电缆、双绞线、光纤、微波、载波或通信卫星。计算机网络具有共享硬件、软件和数据资源的功能，具有对共享数据资源集中处理及管理和维护的能力。也可以说，网络是各类新媒体存在的平台，是基于互联网的基础进行信息传播的。

移动通信技术，是移动体之间的通信，或者移动体与固定体之间的通信；移动体可以是人，也可以是汽车、火车、轮船、收音机等在移动状态中的物体。在4G时代，移动通信技术可以支持双向下载传递资料、图画、影像、接收高分辨率的数字电影和电视节目，一部手机就是一部移动的小型电脑，或者称为掌上电脑，它有着电脑所具有的功能，还拥有自身小巧易携带的特点，人们更加喜爱手机这种移动终端设备。现在，我们已经处于5G规划时代，与4G相比，5G传输速率快，智能设备连接多，网络连接改善，以及手机及其电池寿命得到增长。人们对移动终端设备的喜爱可想而知。

综上所述，这三者之间并不是分离独立的关系，而是相互支撑互为补益的关系。信息的数字化可以使其在多种媒体上传播和转换，计算机网络技术和移动通信技术为信息的传播提供广阔的平台，将信息的终端连接为一个有线的或者无线的网络，为数据的流通提供有效的渠道。这三大技术的融合为新媒体的传播提供了技术支撑。

2. 根本动力——受众需求

麦克卢汉认为，媒介即人的延伸。媒介的发展以及传媒企业的变革都离不开"受众"这一关键性要素，媒介要怎样创新才能够满足受众日益变化的需求？什么样的媒介传播形式会让受众主动接受？这些都是促进传媒人和传媒机构不断创新发展的根本动因。主要体现在以下三个方面。

第一，便携性。随着时代的不断发展，人们的生活成本和压力也越来越大，像北上广这样的一线城市，生活节奏很快，时间是分散的，受众需要在最短的时间内了解最多的信息量，而且这种传播载体最好小巧灵活便于携带。随着智能手机的问世，人们开始依赖手机。手机更像是一款掌上电脑，打破了传统媒体传播过程中时间和空间的限制，受众只要在手机上下载一些手机软件就可以方便轻松地掌握全球、全天的信息。

第二，多样性。由于时间和空间的限制，用户对信息有集合式的需求。传统媒体的信息处于分开的状态，电视新闻节目是有画面、声音、影像的，报纸是有文字和图片的。而媒介融合满足了用户使用。一种媒介就可以找到文字、图像、视频、声音等多种形式的信息，媒介融合满足了受众对信息多样性的需求。

第三，个性化。信息的碎片化传播、受众的个性化需求，导致大众传媒向分众传媒转型。传媒市场也由媒体占主导转变成受众占主导，受众开始成为市场的决策者，不同程度地决定了媒介未来的发展。新媒体为受众提供了丰富的内容和多种传播渠道，满足了受众个性化的需求。

3. 直接原因——竞争压力

受众越来越倾向于新媒体形式，新媒体已经占据了传统媒体的部分市场，作为传媒机构需要在市场的竞争下将新媒体的优势因素融入传统媒体中。由于机构的经营者有对利润的需求，大型的传媒机构为了降低运营的风险，增加实际的利润收益，开始进行兼并重组或者联合收购。以传统媒体为中心，在此基础上吸入新媒体，开发出许多与新媒体相关联的服务和产品。

新媒体的视频新闻会被大家接受并喜爱的根本原因在于，它在技术支撑的前提下，满足了受众对媒介多样化、个性化、便携性的需求。而最为直接的原因还是市场的竞争压力，使得媒体行业不断地出新、出奇、出特。

（三）新媒体对传媒市场的"攻城略地"

1. 消解内容生产

无论是在报纸、广播还是电视行业，内容的制作都要经过选题、调查采访、编辑稿件、二次审核等流程，因为新闻不仅要"求新"更要"求真"。在融媒体时代，内容的制作具有很大的随意性和自主性，因为智能手机可以满足受众成为生产者的角色转换。它的好处就是扩大了内容的产量，但是也会因为没有进行实地取证、调查研究等环节而造成事件真相出现误差。

从一定意义上说，它主要体现在两个方面。

第一，新媒体更注重视觉效应，它契合了当下人们快节奏的生活方式，人们没有时间进行深度阅读，更喜欢浅阅读，所以我们经常会在新媒体中看到"标题党"这一说法。

第二，新媒体对内容的准入门槛很低，新闻的内容源就会多于传统媒体，降低了传统媒体的内容生产能力。在利益分配和竞争格局上，传统媒体也不占优势，已经没有所谓"独家"或者"独播"这么一说了，因为新闻节目、电视剧、综艺节目也要抢占新媒体的平台来创收，同时投放也属于正常的市场运作，目的是提升品牌的价值和市场效益的预期。

2. 解构把关角色

"把关人"又称为"守门人"。在传播学中涉及新闻的选择和判断，他在媒介系统中起着重要的作用。它可以是某个具体的人，也可以是媒介组织，把关人要对新闻的事实进行审核，对播出的内容进行过滤和筛选。在传统媒体中，有严格的审查制度，一条新闻的播出要经过记者、编辑、制片人的层层把关，是否符合主流价值观？是否背离道德标准？是否会造成巨大的负面效应？这些都是把关人需要思考的问题。

然而，随着融媒体时代的到来，把关人的角色被解构了。信息传播的自由度越来越高，新闻信息的生产者、传播者和把关人的界限越来越模糊，这些程序可以由一个人单独完成。新媒体"把关人"的弱化是它最大的缺陷，因为这个平台很容易滋生谣言，变成虚假新闻的"温床"。但是，融媒体中把关人的弱化在一定程度上提高了公众言论的自由度。公众更愿意参与其中发表自己的想法和观点，其中可能会有造谣者，但也会有辟谣者，无形中提高了大众的舆论监督意识。把关人制度是传统媒体的一大优势，它凸显了新闻行业真实、严谨的准则。因此，我们不仅要提高专业从业人员的专业素养和文化自觉，更要提高公众的媒介素养，使新闻信息成为传播社会主义核心价值观的利器，成为正确引导舆论的社会公器。

3. 颠覆话语权力

传统媒体的信息生产是一种线性传播。传播者是在起点，接受者在终点，是少数人对多数人的传播，或者说是一对多的传播，话语权掌握在少数精英手里，他们引导着信息的走向，制定着社会话题。融媒体时代将不再遵循过去的传播模式，而是一种多元化、多维度的传播模式。受众可以在互联网聊天平台上发表自己的言论，自由度相对较高。当新闻信息的生产、审核、分享由一人完成时，可以想象话语权会发生怎样的转向。受众的力量越来越受到重视，他们开始参与社会事件讨论、为公共话题发声，监督相关部门的行为，逐渐开始成为舆论场的中坚力量。

传统媒体的"门可罗雀"和新媒体的"门庭若市"为我们展现着两个完全不同的世界，他们就像"老人"和"孩子"，前者阅历丰富、经验老到、看过万事沧桑；后者年轻活泼、精力旺盛充满着积极向上的生命力。前者虽"老"但不至于"亡"，后者虽"新"但略显"稚嫩"。人们看到新生事物都会心生欢喜，但是久而久之我们会去找寻传统的权威和力量。那种经历过大浪淘沙、千磨万击后还依然坚韧的社会责任感，会深深地印刻在岁月的鹅卵石上。传统媒体和新媒体二者间绝不是取舍关系，而是互补的关系，只有传统媒体和新媒体将自身优势融合起来，才能创造出另一种媒介传播新模式。新闻人以及新闻机构是这样构想的，也是这样实践的。

三、融媒体电视新闻节目的创新

在这个互联的时代，你我的生活被最完备的"记录者"收藏着。融合时代的竞争将是全方位、多维度的，体现在产品创新、渠道开拓、用户管理、内容生产、流程再造等多个方面。融媒体背景下电视新闻节目的内容、媒介、技术和受众等，在融合中至关重要。

（一）融媒体电视新闻节目的融合特征

1. 融合中的媒介生态

"三网融合"也就是语音（电话）、视频（有线电视）、数据（互联网）的三网融合。随着知识产权技术的发展，人们在知识产权网上就可以实现三网融合。它带来了媒体从内容到终端的全方位整合，从而改变了中国现有视听媒体的现状。20 世纪初，麦克卢汉就曾预言"媒介是人的延伸"，只要人需要，就会产生新的媒介，媒介之间的界限也不再清晰透明，都是"你中有我""我中有你"的融合状态，对此我们要保持好奇心和求知欲，看看在融媒体时代，我们的生活究竟发生着怎样翻天覆地的变化。

中国互联网络信息中心在京发布第 44 次《中国互联网络发展状况统计报告》显示，截至 2019 年 6 月，我国网民规模达 8.54 亿，较 2018 年底增长 2598 万，互联网普及率达 61.2%，较 2018 年底提升 1.6 个百分点。2016—2019 年上半年我国互联网网民规模及互联网普及率如图 2-1 所示。

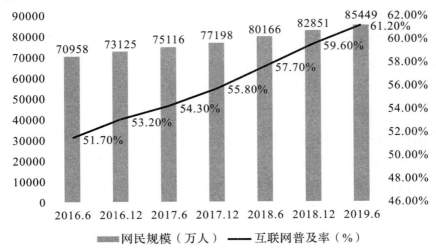

图 2-1 2016—2019 年上半年我国互联网网民规模及互联网普及率（单位：万人，%）

中国的互联网用户数量庞大，而且还在不断增长。随着移动设备的出现，互联网的概念不再局限于网络的范围。随着手机、平板、电子书和智能手表等新设备的出现，每一种移动终端即使传递着相同的信息，但是也会让"新受众"有着不同的消费体验。例如，以前我们对终端的认识局限于摆放在桌面上的台式电脑，后来发展为较为便携的笔记本电脑，再到后来的平板、手机等设备。我们可以发现"有终端，但没有终点"，只要能满足人们的某种需求，媒介就会不断发展。

中国互联网络信息中心在京发布第 44 次《中国互联网络发展状况统计报告》显示，截至 2019 年 6 月，我国手机网民规模达 8.47 亿，较 2018 年底增长 2984 万，网民使用手机上网的比例达 99.1%，较 2018 年底提升 0.5 个百分点。2016—2019 年上半年我国手机网民规模及互联网普及率如图 2-2 所示。

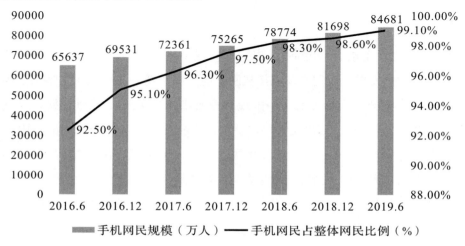

图 2-2　2016—2019 年上半年我国手机网民规模及互联网普及率（单位：万人，%）

人们越来越依赖手机等移动设备来阅读或观看新闻节目，一方面因为其自身的方便快捷，另一方面是三网融合带来了电子终端产品的革新和整合。其中就包括了电视、手机、电脑以及其他通信设备等终端的融合。三网融合还改变了传播的内容和渠道。融合后的新闻产品包含各种意媒元素——文字、图片、音频、视频等。此外，新闻产品的投放渠道更为多样，不仅仅局限于先前的单介质传播，一条新闻稿件除了"跨介质"（广播、电视、网络、手机等）传播外，还"跨平台"（有线平台、无线平台、卫星平台）传播。与此同时，除了既有的有线渠道、网络渠道等还会有全新的渠道不断涌现。

中国互联网络信息中心在京发布第 44 次《中国互联网络发展状况统计报告》显示，截至 2019 年 6 月，我国网络视频用户规模达 7.59 亿，较 2018 年底增长 3391 万，占网民整体的 88.8%。各大视频平台进一步细分内容品类，并对其进行专业化生产和运营，行业的娱乐内容生态逐渐形成；各平台以电视剧、电影、综艺、动漫等核心产品类型为基础，不断向游戏、电竞、音乐等新兴产品类型拓展，以知识产权为中心，通过整合平台内外资源实现联动，形成视频内容与音乐、文学、游戏、电商等领域协同的娱乐内容生态。

2016—2019 年上半年网络新闻用户规模及使用率如图 2-3 所示。

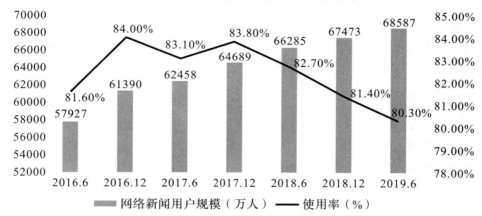

图 2-3　2016—2019 年上半年网络新闻用户规模及使用率（单位：万人,%）

随着技术的发展和智能手机的普及，手机的屏幕越来越大，可移植性将越来越高，阅读界面也越来越舒适，设计会更加人性化、多元化、个性化，再加上 4G 的网络，网速也会越来越快甚至会在公共场所实现 Wi-Fi 信号全覆盖。因此，未来媒介的关注点应该是"移动性"，未来传媒的改革方向也应该是"移动性"。移动互联的时代，人们阅读新闻从先前的门户网站转移到移动客户端，人们开始不再追问新闻的出处，人们只认得手机上的一个又一个手机软件……

正是因为受众更倾向于方便快捷的"掌上电脑"——手机，很多传统媒体陆续推出手机软件。只要在手机上下载手机软件就可以满足收看电视新闻和网络视频的需求，它将电视、报纸等传统媒体上的很多新闻内容进行整合播出，受众可以根据自己的喜好选择节目类型。

媒介的形态可以分成四大类：以报纸、杂志为代表的第一代平面媒体，这是一种以纸张为载体传播信息的方式。紧接着是以广播、电视、互联网为代表的第二代、三代、四代媒介形态。如今，手机是第五代媒体。通过上面的分析，我们可以发现，融媒体背景下电视新闻的媒介特征就是由以前的专业独立性变成现如今的多元交互性，另一个特征就是融媒体形态的整合互动，它满足了受众在不同时间、不同场所对媒体的需求。融合中的媒介就是打破界限，取长补短互为补益共同发展。

2. 融合中的内容生产

融合中的内容生产可以从以下两个方面入手分析。

第一，融合之后各种内容、各种形式的节目都可以在一个平台上运营，融媒体电视新闻的内容融合有两种趋向：一种是"独家性"的内容解析，另一种是"集成型"的内容整合。融合中的内容，观点将成为"主角"，这一观念渐渐地超越信息本身的地位。在融媒体时代，人人都是信息的传播者，大量的信息像洪水一般吞噬着我们，而观点的生产者或者称为意见领袖的观点就是信息洪水中的"堤坝",他们用观点拦截信息、阐释信息。于是产生了这样一批"新受众",他们从被动地接受媒介提供的信息,转化成主动为媒介平台提供信息,开始消费新媒介。以前,"自媒体"这个名词是说在科技高速发展的当下,人人都是媒体人,也许你并不是专业的媒体从业者,但你随手拍的新闻或者一些好玩的视频段子,上传到网络上,就可以赢得大批粉丝和无数的点击量,"受众"开始慢慢变成"用户"。

当今,越来越多的内容来源于用户生成内容极大地调动了广大网民的积极性,使他们充分发挥个人的聪明才智,这也使得网络发展呈现出大发展大繁荣的现象。在新闻方面的内容生产也逐渐从专业人员采写演变成全民制造。

智能手机的普及,加快了全民成为记者的速度,只要用户有一个智能手机就可以将身边发生的事情第一时间记录下来,用手机拍摄照片、录制视频、编辑文字后一键发送,操作简单迅速便利。由于这种方式多以手机为主要传播载体,所以大大地降低了使用的门槛,也降低了媒体人的神秘感和专业度。内容在用户生成内容,全民制造新闻对于职业记者来说无疑是一个巨大的挑战。

如今,我们经常会在传统媒体的新闻节目中看到由市民拍摄的新闻片,虽然画质有些粗糙,拍摄不够专业,也没有所谓的镜头语言,但是却能够第一时间告诉公众发生的事情。之前我们一直强调记者要"在现场",看到记者在第一现场拿着话筒把他看到的事讲给我们听,我们会觉得这就是事实。在融媒体的环境下,用户会从他们看到的不同角度提供新闻素材,而传统媒体记者还在讲述自己看到的那一部分就会让公众觉得不完整、不全面会进一步怀疑媒体的公信力。所以融媒体的好处就在于可以充分地调动用户们来贡献内容,全方位多角度地还原突发事件的原貌。

第二,我们可以从以下两个方面做一些分析:

一是从内容报道方面进行分析。融合中的新闻节目会更立体化、个性化,而且互动性很强。因为它实现了资源的整合,可以从不同的媒体平台搜集新闻信息,使得新闻节目的内容更加全面。但是市场竞争如此激烈,只是做一个信息的搜集者还不足以吸引受众,所以个性化就显得尤为重要。对独家性的报道进行第一手的解析,原创性质的节目也在逐渐增多。在直播的过程中,受众可以即时发表自己的观点和看法,与节目嘉宾或者主播进行实时互动。

二是在视觉观赏方面进行分析。融媒体背景下电视新闻节目更加注重受众观看时的视觉美,利用二维三维等空间以及虚拟演播室,增强了节目的可看性,而且一些具有一定专业知识的新闻专题可以用图文解说、动漫演示等形式展现出来,不仅可以起到知识普及的作用,还会呈现出新闻节目的活力。

事实上，融媒体电视新闻节目呈现出的内容就是三个字——"全""奇""活"。

3. 融合中的受众特征

在传播学中，受众指大众传播活动的受传者、大众传播媒介的使用者或者接触者。"受众"作为传播中的重要环节，决定着传播的效果。在了解融媒体电视新闻节目的受众前，必须厘清以下三种受众观。

第一种受众观，社会群体成员的受众。"大众社会论"认为受众是"一大群原子结构的、沙砾般的、分散的、无保护的个人，这些个人在大众传媒有计划、有组织的传播活动面前是被动的、缺乏抵抗力的"。这种观点被称为"魔弹理论"或者"皮下注射论"。也就是被动接受信息的一群人，他们只能是"魔弹"的直击者。

第二种受众观，由传播学大师丹尼斯·麦奎尔提出的，他从市场的角度出发，认为受众可以定义为特定的媒体或信息所指向的、具有特定的社会经济侧面像的、潜在的消费者的集合体。麦奎尔的理论是从市场的角度出发，把受众看作是市场竞争下的产物，丰富和创新了传播受众理论，为后来学者研究探索大众传播受众提供了经济学的理论支持。由于受众在信息传播过程中并非仅仅是单一的信息消费群体，同时又具备信息传播的能力和权利，并对社会事务有着一定的参与度，传播受众与实体的物质受众在消费内容上有着本质的区别，所以并不能简单地从市场的角度将受众进行划分。

第三种受众观，作为权利主体的受众。这一观点认为，受众作为参与社会公共事务的公众成员，在大众传播过程中具备传播权、知晓权、媒介接近权等基本权利。传播权是社会成员的基本权利，是受众表达言论自由的一种权利，也包括他们有权利用大众传播媒介来传播信息。知晓权是公民对国家的立法、司法和行政等共同权力机构所拥有的知情权利。媒介接近权是社会成员利用传播媒介阐释主张、发表言论以及开展各种社会和文化活动的权利。

综上所述，受众观随着时代的进步、科技的发展也在发生翻天覆地的变化。从一开始被动地接收到现如今主动传播，如今的受众不再是"魔弹"的直击对象，而是传播主体。

在融媒体时代，又出现了第四种受众观，就是"受众"变"用户"的观念。基于第三种受众观，我们会发现，当今的受众在高科技、快发展的时代背景下，具有多元性和分层性、复杂性和独立性、匿名性与流动性、不确定性与不可控性、趋同性和集体无意识性等几大特点。这一群体不仅成为信息传播的主体，还注重媒介传播过程中的体验和服务。不仅渴望建立情感链接还希望受到个性化的对待。因此，我们曾尊称的"读者、听众、观众、网民"等细分的受众概念将被一个全新的概念所取代——"用户"。媒体未来面对的是有多种媒介需求的"用户"，而不是先前一直提到的"受众"。受众观念到用户观念的转变是媒体改变的第一步。

融合中的用户特征主要包含两个方面：第一，渴望得到独特且方便易得的"体验"；第二，希望创建关系，建立情感的微链接。因为融媒体时代的受众已经不是传统媒体时代的传授对象，它的分化更为精细，融合下的广电面对的不再是"模糊不清"的"受众群像"，而是具体化的"个体用户"。这是一个分众的时代，用户由"细分"到"微分"。例如，一些手机软件的创立就是为了满足一些小众的用户需求，像音频发烧友等，从而获取利润。最后，体验更独特，近两年 ARWR 技术非常火热，充分的利用在购物、旅游、游戏等各种领域。这种体验是全方位的，画面充满立体感又非常直观，以此削减虚拟的网络与现实之间的距离，为用户提供一种身临其境的感觉，充分调动用户的感官体验。

4. 融合中的流程再造

20 世纪 90 年代初，美国兴起了一次管理变革的浪潮。核心观念就是"对组织的作业流程进行根本的再思考和彻底的再设计"，目标就是在质量、成本、服务、速度上取得重大的改进。

从组织结构上看，传统媒体多为垂直结构，主要有三种模式。

第一种，社务委员会领导下的社长负责制。其社务委员会通常由社长、总编辑等组成，是报社最高领导和决策机构。社长是报社的法人代表，社长和总编辑通常由一个人担任。在社务委员会下设立编辑委员会和经营管理委员会，总编辑负责报纸的编辑业务，总经理负责报纸的经营管理。

第二种，社长领导下的总编辑、总经理分工合作制。社长是报社的法人代表，领导总编辑和总经理。

第三种，董事会领导下的总经理负责制。这种形式多被报业集团、广电集团、出版发行集团等媒体企业广泛运用。

然而，融媒体的组织结构多为水平型结构，形成融合型、精细化、扁平化、专业化的管理结构。组织内部人员相互协调配合，将新闻内容通过不同的媒介渠道分发，不仅节约了生产成本也扩大了品牌影响力，还获得较大的收益。

融媒体时代彻底改变了新闻的生产和消费模式，如果媒介机构想要脱颖而出，在主流媒体市场占有一席之地，就必须对先前的新闻生产流程进行全新的包装。

（二）融媒体电视新闻人和新闻机构的角色转变

1. 融媒体的电视新闻人

近年来，专业媒体人才流失严重，他们有些人选择退出传媒行业，有些人进入到了新媒体。一方面是网络时代的影响，另一方面是现实中有很多新闻人离职，这就引发了公众对于新闻人的讨论，也使得专业新闻人很焦虑。我们到底需不需要专业的新闻人，或者称为"职业新闻人"？未来这些专业人员的出路又在哪里？

在融媒体时代，用户生成内容的公民记者通过社交网络对新闻信息进行分类筛选、加工制作、分享传播。即使是融媒体时代，媒体还是需要职业新闻人的，而且这个需求会越来越大。职业新闻人身上具有太多的优势，如新闻事实的核查能力、对新闻事件的敏锐度洞察力、对深度新闻的挖掘能力、引导社会话题走向的能力。因此，即使科技再发达、信息再海量，人人都可以是记者，也无法取代职业新闻人的地位。

在融媒体时代，职业新闻人会有两种趋势。

第一种，站在"新闻链顶端"从一名观察者、撰稿人变成解释者、评论人或者说是"意见领袖"。他们会把绝大部分精力放在传播精细化新闻上，而不是相对简单的消息传播。会利用大数据、图片、动画、视频等媒介让新闻变得更好看、更易懂。

第二种，经营公众号，变成自媒体，懂得与用户的沟通交流，这不仅可以提升新闻人的知名度，而且在一定程度上还能增强新闻人所在组织机构的品牌效应。

2. 融媒体的电视新闻机构

关于电视新闻机构，人们讨论最多的是它难以恢复昔日的光辉。在过去，大多数中国家庭都有电视，电视是家庭之间的纽带，甚至形成了一种"客厅文化"。今天，电视仍然存在，但它似乎已经失去了它原来的功能。之前在网上看到网友吐槽说："家里的电视就是摆设，不买不行，买了还占地方。"当然这只是一句玩笑话，可是也道出了传统媒体行业的辛酸。与其讨论怎样重拾往日辉煌，不如想象一下未来的新闻机构是什么样子。

然而，新闻机构在结构和形态上肯定会发生变化，因为融媒体时代已经打破了媒介的行业界限，不管是报纸、广电、通信等都会跨界融合，这种综合性的融媒体平台将会成为未来的主流媒体，新媒体都会和谐共生，形成多层次、多角度的新闻信息传播新样式。

但无论如何变化，新闻机构都不会灭亡。因为它对新闻业健康有序的发展具有重大意义，新闻机构的存在可以维护社会公共利益、维护新闻节目的真实性和可持续性，它能应对很多突发状况并做出及时反映，毕竟个体的知识面和思维意识会有限制，再者新闻机构可以起到"稻草人"的作用，对于侵害公共利益的个人和机构形成巨大的威慑力。

综上所述，虽然新闻节目的传播媒介会发生变化，但是实质性的核心内容不会改变，就像我们看报纸难道是因为那张纸吗？听广播、看电视等同样是这个道理。传统媒体最值钱的是它经过长时间的积淀而培养出来的新闻人，是它经过一次又一次不断的尝试而确定下来的新闻业准则规范，这份对社会的责任感、对公共利益的维护感，是永恒不变的，因为我们是"新闻人"。融媒体时代的电视新闻人和新闻机构依然会存在，他们的专业度会更高、理念会更纯粹、传播内容会更多样化、更市井草根化，只不过换一种方式，给用户欣赏另外一道风景。就像是，做一条反向游泳的鱼，你会看到不一样的世界。

（三）融媒体电视新闻节目的创新实践

随着网络技术的发展，"直播平台"在很短的时间内吸粉无数。每天早晨在上班、上学的途中，你都会看到这样的场景：人们耳朵里插着耳机，听着手机里传出的音乐或者广播；在公交车、地铁、出租车里看着移动电视里亲切的主持人向你送来最新一天的资讯；一脚迈进高档写字楼的电梯，内壁上的液晶电视播放各种广告；当身体陷入一个个办公室格子间的时候，做的第一件事就是打开电脑收发邮件、浏览今天的新闻，同时打开手机通过 APP 看看昨夜今晨发生的事情以及身边的朋友都在做些什么，看看直播平台里别人的生活……可是我们细想一下，一天的时间真的需要那么多的信息吗？我们是要让信息为我们服务，还是在巨大的信息浪潮下被消费？我们每天又是有多少时间浪费在从一个媒介切换到另一个媒介？信息的庞大本来是为了产生更多的智慧，可后来我们才发现，我们被淹没在信息的巨浪中无暇思索，无心质疑。

新媒介的产生会在一定程度上满足用户的需求。所以在面对重大的社会事件时，人们总是习惯于从个人的媒介使用情况来反观当下媒体的发展。通过罗列出自己的媒介消费史能发现，每种媒介都有独特之处，它们之间可以优劣互补，都不可或缺。因此，当大众传媒达到无孔不入、像氤氲的水汽无处不在的时候，你会发现媒介的新旧之说，也只是一种时间的推移和科技发达的象征，在市场大环境的需求下，在媒介多样性的背景下，没有最新的媒体，也没有最旧的媒体，只有融合的媒体，因为这是一个融合的时代！

在这样的背景下，传媒业也在不断创新，开始呈现多元化的发展趋势。各种新兴技术不断渗透媒体行业，不仅包括报纸、杂志、广播、电视等传统媒体，还有以平板电脑、智能手机为代表的移动终端和移动社交网络平台的新媒介，如何将二者良好地融合，创造出一个能够吸引不同年龄段、不同阶层的观众群的平台，一直是各大媒体思考的问题。

1. 融媒体新闻节目框架与内容分析

在这种传统媒体与新媒体交织在一起的融媒体背景下，电视节目的传播方式也发生着巨大的变化。传统媒体不再具有以前"一家独大"的老大哥地位，自从有了新媒介的加入，传统媒体的传播方式就从原来的单向传播变成了现如今的双向互动传播；从"我播你看"过渡到"你播我选"的线性秩序，再到"我播大家看"的用户主导新秩序；节目内容也从原来的专业机构生产变成如今的"专业机构＋用户生产"的新模式；人员配置也由原来的专业媒体从业者变成现如今"专业媒体从业者＋全民直播人"的方式。面对这些巨大的改变，我们的传统媒体日渐衰弱，缺乏有效的竞争力。从另一个方面来说，虽然新媒体具有传统媒体不具备的优势，如传播方式的即时互动、信息资源的丰富快速、传播平台的多种多样、传播成本的低廉价优；但它也存在致命的缺陷，如信息的碎片化、快餐性，让受众无法对信息进行更为深入的了解；信息的来源不一定具有可信性和权威性；原创节目样式参差不齐、质量把关人缺失等。然而，电视媒体正好可以弥补这些缺陷，利用自身优势与新媒体进行融合形成新的节目样态，以适应新的媒介环境和时代背景。这种新的电视节目样态能够使传统电视媒体更具竞争性和可持续发展性。作为电视节目重中之重的新闻节目，更要率先做出创新和突破来更好地适应融媒体时代的发展背景。

这是一次从"＋互联网"到"互联网＋"、从"你中有我，我中有你"到"你就是我，我就是你"的真正转型。它把传统媒体和新媒体一并覆盖。不仅包含了媒体的"全"，而且还注重了各个介质之间的"融"。而这也是未来媒体融合的一大趋势。例如手机客户端以视频新闻为特色，但并不仅限于视频呈现。它将以原创视频深度报道为核心竞争力，以具备新闻性的直播互动为产品亮点，以聚合网络新闻视频为内容保证。

并设有很多的板块，兼顾到了不同年龄段、不同兴趣爱好、不同性别的人群，在精选里既有新闻又有看点。而且在名字的设定上也很有讲究，不仅凸显板块实际性内容，还不落俗套、吸引用户的眼球，看着题目就想点开看看里面的内容。

受众可以随时了解当天的新闻，不受时间和空间的限制，节目中还会有专家的独到见解，帮助受众从不同的角度看问题。在这里受众可以减少切换媒体的时间，在手机上就可以满足电视节目和网络视频同时观看的需求。

在节目设置上，更加趋于完善，点开电视按钮就可以看到上海市及区县台的所有节目频道。

点开每一条新闻，每个版面都是集文字、图片、视频于一体，满足了用户视听需求。在内容的设置上也相对完备，也符合融媒体电视新闻"全""奇""活"的特点。

2. 融媒体新闻节目传播效果分析

自从手机融媒体新闻上线后，用户新增量巨大，手机客户端的原创内容日均破百条，日均点击量破200万，阅读数破100万＋的原创文章达到平均一天1～3篇的频次。

由此可以看出，用户的点击量和日平均的收视阅读量的提升，说明用户对其具有一定的黏度和依赖性。

通过对融媒体电视新闻节目的媒介形态、内容生产、受众特征、流程再造的详细阐述，并对公众探讨较多的新闻人以及新闻机构角色转换的未来走向做出了推测。曾经的传统媒体光彩夺目，如今的新媒体高歌猛进，二者汇合必将形成绚丽壮观的景象，融合势在必行，样态有待商榷。

（四）融媒体时代的短视频新闻

1. 短视频新闻定义

短视频是指以新媒体为传播渠道，以移动设备为载体，时长在10分钟以内的视频内容，是在文字、图片、长视频之后新兴的内容形式。目前学界和业界对于短视频新闻未有明确定义，但是其短视频的特性明显，表现为几个方面。一是是移动原则，用户能随时使用智能移动终端设备完成拍摄、剪辑、上传、分享的行为。二是"短"代表碎片化和内容短小，以秒计时。"视频"指内容的表达以视频化形态呈现。

短视频新闻就是短视频特性和新闻功能结合。国内学者对于其定义也多从"移动""短""新闻"这几方面来判断。清华大学常江认为移动视频新闻通常是指"长度以秒计算，总时长一般不超过 5 分钟，利用智能终端进行美化、编辑，并可在多种社交平台上实时分享的一种新型视频新闻产品。"[①]

综上，本书认为短视频新闻是以秒计算，时长不超过 5 分钟，可利用移动智能终端设备对新近发生的事实进行拍摄剪辑并报道和分享的动态化新闻形态。本书研究的短视频新闻的生产主体多是传统新闻媒体机构。

关于本书中研究主体和范围的确定，主要是基于两个方面：

第一，在范围确定上，短视频新闻与资讯不同，资讯泛指所有的信息，包括新闻、历史、知识方面等所有可以被利用的信息。资讯和它的使用者之间一定是一个被使用和使用的关系，用户及时了解到资讯并使用，以给自己带来价值，从而资讯成立。而新闻是对新近事实的报道，并不以用户是否必须利用它来界定，更多的是生产者通过对事实的报道来达成一定的目的。一定程度上来说，资讯包含新闻。

第二，是短视频新闻的生产主体确定上，传统新闻的生产主体是职业记者和专业媒体机构，包括纸媒、广播媒体、电视媒体等。短视频新闻领域内的新闻生产主体随着生产流程、传播模式的改变而有了新的发展。一方面以传统媒体为代表的专业生产者仍是短视频新闻的主要生产者和把关者，他们借助自身强大的物质资源和专业形象发展融媒体形态，以期保持并稳步扩大自身影响力。另一方面随着数字技术的发展和社交平台的应用，用户生产内容的形式开始出现，以前由专业机构主导的单向传播链转向多平台内的多节点互动。因此短视频新闻体现出多中心和多主体的形态，这种形态又在不断地互动和发展中影响着短视频新闻的发展逻辑，传播策略也处在动态的优化之中。

2. 融媒体时代我国短视频新闻的形态及特征

（1）短视频新闻的产品形态

短视频新闻作为一种新的信息传播形式，其机构主要打造两种产品形态，一类是建立自有平台，有独自分发渠道的平台型产品；一类是自身不做平台，制作新闻内容后再分发至各渠道的内容型产品，媒体对短视频新闻的生产和传播机制的完善程度还不相同，所以产品形态也不相同。

①内容型产品

内容型产品形态是媒体没有开发新闻分发平台，而是把生产的视频上传到母体的传播平台和第三方平台。在目前媒体机构商业变现路径不完善的情况下，内容型媒体作为一种

---

① 常江，徐帅. 短视频新闻：从事实导向到体验导向 [J]. 青年记者，2017，（21）：20—22.

分发成本略小的形态，是一种明智的选择，只不过在媒体品牌吸粉力上有时在为其他平台"做嫁衣"。

对内容提供型的短视频新闻机构来说，内容是第一生产力，他们可以将分发事由交给第三方分发机构，只要专注内容生产，因此生产机制和生产流程的改造要适应平台的要求，内容分发讲求短平快，因此用户生成内容生产有着举足轻重的地位，必须搭建好拍客体系，做好内容的二次审核和生产，确保新闻质量。

②平台型产品

许多媒体开发了以技术为支撑，短视频为主要内容的新闻客户端。一种是内设多个频道，媒体可以依靠自身特色设置特色内容的自有平台，也有依托平台强大资源和影响力建立起的邀请多家媒体入驻的聚合平台。

以往的内容传播是分散的，用户要在不同平台看不同内容，但移动互联网技术的发展推动用户消费的平台化。门户网站、聚合类新闻客户端、社交应用、短视频应用都指向平台化，未来这种集中性的平台会让内容生产朝着生态化方向发展。平台拥有大量用户，掌握分发话语权，也可以聚集更多内容生产者持续提供生产力和创造力，推动平台的可持续化发展。对于媒体来说，借助短视频形态与新闻的结合是一个时机，可以搭建自己的平台吸引用户和生产者。作为平台的短视频新闻机构，要在平台作方面整合一些措施：在生产者引入方面，吸引多类型多层面有特色的内容生产者，并保障相应的激励措施；在用户培养方面，依靠内容和技术实现用户的聚集；

媒体短视频业务布局已经基本完善，新闻叙事视频化成为主流的呈现方式。内容型或者平台型产品的传播思路底层设计都是视频优先和移动优先。

（2）短视频新闻的特点

①内容生产边界淡化

短视频新闻的移动化、智能化、社交化、碎片化属性影响着媒体的内容生产思维，冲击着传统新闻生产方式。电视新闻节目化、线性化与短视频碎片化、交互性优势互补，这使得新闻单向传输转为互动分享的泛众传播的模式，新闻表达既保持媒体严肃专业的"人设"，又增加了"网感"，更加注重用户体验和传播反馈，因此新闻内容的边界感开始淡化或消解。报纸媒体或者电视媒体的特性在短视频新闻上并没有明显的区分，新的接收终端、新的分发渠道和传播模式，让电视、报纸等各种形态的新闻都在朝融媒方向改革，向视频化、移动化转型。

一是内容类型方面，短视频的社交属性要求新闻表达的语态和形态都要适应其分发平台的特点，因此以往的严肃新闻开始通俗化，新闻资讯和泛资讯、软性新闻和硬新闻之间的界限开始模糊。

二是内容来源方面，内容生产者的泛化和分发渠道的多元化，使得专业生产内容和用户生产内容的界限模糊，受众关注更多的是内容本身而不是出处。短视频新闻的一大特色是用户可以拍摄新闻现场，第一手资料会被媒体验证后转发，如果是媒体机构的拍客拍摄的视频，会注明本机构的标志，显示独家报道。出于版权保护和公平商业竞争，以后的短视频新闻也都要标注新闻来源。

②受众需求精细化

凯瑞曾把美国学界流行的传递观归纳为权利模式和焦虑模式。这两种模式都把极其复杂多样的传播现象简化成了人们追逐权利或者逃避焦虑的场所。[①] 传统新闻的信息接收者被称为受众，这代表着信息的单向传输，媒体大规模传播，受众接收同样的内容，权力在媒体；新媒体时代，随着互联网技术、人工智能、大数据的快速发展，技术赋能，人人都有话语权，媒介成了用户逃避焦虑的场地。人们在各种平台上释放情感，找到兴趣，发表看法，表现自我，开始有了自主性和选择观。受众的需求开始细分，千人千面。新闻生产开始具有产品思维，受众开始被看作"用户"。原本的大众传播方式下，信息反馈滞后，观众也被当作一个标签化的整体，难以精准分析需求。依托媒体平台和商业平台算法技术的短视频新闻可以在短视频消费生态下，了解精细化的用户需求，改进传播内容，精准定位用户。同时传统媒体的固有严肃新闻语态也在社交媒体和网络视频媒体刺激下开始改变，互动性与亲民性成为表达方式。

③传播过程复杂化

新闻的报道呈现出高度中心化—去中心化—再中心化的过程。在传统新闻报道中，媒体机构作为信息把关人决定着什么样的新闻可以进入大众传播渠道，比如人们通过电视新闻频道接收电视媒体制作发布的新闻，或通过购买和阅读报刊接收刊载在上面的信息。用户是分散的传播节点，接收传统新闻机构这个高度中心化的点发出的信息，传播过程是一对多式。互联网技术的发展带来技术进步，社交媒体、短视频媒体的出现发展打破了信息垄断。用户借助便捷的移动设备，能主动获得需要的信息。同时技术赋权，生产权下放，以前的受众也开始转变为生产者，而传统媒体因为没有及时融入互联网的发展，没有关注用户的需求而话语权消解，新闻发布机制开始去中心化。

在去中心化的发布机制中，信息的传播由一点对多点转变为多点对多点传播，任何人都可以在接收信息的同时成为信息的生产者，用户中意见领袖的作用也更加突出，用其经验和专业素养引导受众关注相关话题，新闻发布开始再中心化。

④表达方式情感化

传统观点认为，数字化媒体在发展过程中一方面给用户带来了便利，另一方面也留下

---

① 马向阳. 纯粹关系——网络分享时代的社会交往［M］. 北京：清华大学出版社，2015：11.

了用户的互联网使用痕迹，掌握了用户的隐私和使用习惯。比如为人诟病的算法推荐模式的弊端：机器根据用户使用习惯推送新闻，同一个新闻不同的人看到的可能是完全不同的观点，这让用户有一种被孤立和控制的感觉。这也像回音室效应所表现的那样：在相对封闭的环境中，一些意见相近的声音不断重复，甚至夸大或扭曲，但由于环境封闭，没有外部信息进入，大部分人会选择相信这些声音。然而现在随着社交媒体的发展和短视频应用的传播，传统的媒介使用的被孤立感或者回音室效应的存在感却不增反减。主要原因就在短视频的碎片化、动态化、视觉化的呈现突出强调了"社会性"，这种社会性可以冲击被孤立感。用户在使用短视频应用或社交媒体时，参与的讨论越多，加入的社群越多，越难感受到回音室效应，因为有各种观点的存在。在感觉被孤立时他们会寻求组织和连接，这种组织相对于理性的、规范的群体划分方式显得主观性稍强，"情感共鸣"成了新的社群组织建立的方式，这种组织满足了他们的归属感和安全感的属性，连接他们的也并非组织的稳定性，而是情感共鸣的持续性。

视频形态的新闻表达开创了信息交流的新方式，也建立了一种联系，平台与用户和内容相互连接，三者发生关系，使传播机制良性运转，其中情感化互动机制成为联系三者的纽带，增加用户黏性和忠诚度。短视频的表达方式中增加了情感价值和关系价值，媒体开始注重用户的观看体验，与用户互动。视频释放了社会成员的表达能力，每个人都可以拿起手机成为新闻的生产者，人人都可以是发声者，这为多元文化的传播提供了平台。新闻泛众化传播阶段，每个在所在社群可以成为表达者和总结者的人就可以成为意见领袖，从而成为一个传播者的角色，平台中信息生产者和信息消费者相互转化。话语权消解和娱乐化信息泛滥的当下，在严肃新闻报道中通过共情和共同的文化认同感吸引用户共同关注，可以让新闻更好地传播。

3. 短视频新闻的内容传播策略

新技术和信息视频化消解了传统媒体的一部分话语权，众声喧哗的时代要吸引用户注意力，内容扮演重要角色，因此需要对现有内容传播策略进行分析。下面将从内容生产的差异化、专业化和内容传播品牌化三个方面出发，研究现阶段短视频新闻在内容生产方面的策略，为优化传播提供理论和实践支持。

（1）内容生产差异化

①与传统媒体生产机制不同

麦克卢汉"媒介四元律"认为，从公共集会到文字传播，再到广播、电视与新媒体这一发展历程中，每一次新的传播方式的出现都使得传统媒体中某些特点被加强，某些特点被削弱、重拾或转化。① 新的媒体形态出现后，旧传播方式与新媒体融合成新方式。智能移动终端的发展，使得人们可以在手机里收看新闻节目，传统新闻节目的视频形态被加强，时长被削弱，使用形式被转化。这种新的传播方式也带来生产机制的改变。

首先是生产流程简易化。传统媒体一般采用科层制的管理方式，以职业记者为生产主体，通过层层"把关"，形成"金字塔式"的组织结构。生产内容时，媒体掌握新闻生产权和内容把关，报纸、广播、电视的媒介性质决定了新闻生产主体就是专业记者。纸质媒体需要媒介素养极强的记者撰写和编辑逻辑清晰的文章，期刊的印制和分发需要大量时间，且一旦刊登就不能修改和编辑，如果有突发新闻也只能等到下一次发刊时间，时效性无法保证；电视媒体的生产过程中，要有专业摄像师、录音师、训练有素的记者，后期还要有专业剪辑和包装人员，生产工艺复杂。移动短视频新闻制作简单，拍摄、编辑、上传一个手机就能解决。传统媒体组织结构使得信息传播低效，信息覆盖面较窄，智能手机技术的发展，使得加字幕、音效、特效这些二次加工也可以在视频剪辑软件中完成，视频只需要保持客观真实的记录现场即可。这样的生产模式使得目击者拍摄的视频作为信息来源在网络上被分享，便催生了用户生成内容这种生产方式。新闻话语权和生产权也开始从传统媒体中剥离，用户从以往被动接收新闻到现在自觉主动成为新闻生产者。

专业新闻生产机构无法保证新闻时效性，第一时间不一定在现场，在突发事报道中，用户生成内容首先缺乏专业训练和新闻素养，加上短视频新闻的碎片化特性，容易出现虚假、同质化内容。并且其在深度调查和持续报道上不如专业媒体。用户生成内容能快速得到一手资料，时间短、范围广。

其次是融合报道常态化。单介质的新闻记者已经不能满足内容生产的要求，传统媒体进行了全媒体改革，实现内容平台化生产，多元渠道分发。记者转型升级，全媒体记者开始出现。采、写、录、编等技能是基础，短视频新闻生产记者既要会使用拍摄设备，还要会剪辑和上传视频。

传统新闻的生产对用户信息消费"痛点"把握不准，新闻制作时间长，时效性无法把握，短视频的便捷重新定义了新闻。同时，短视频新闻虽然时长短，但呈现新闻核心内容，新闻的五要素并非齐全，但保证信息的真实性和价值，在不断的后期完善中，内容呈现也愈发严谨。

②不同媒体间内容选择不同

短视频因社交属性强、易于传播而成为生产者与用户选择的对象，媒体机构借助短视频社交化属性呈现新闻也更有利于传播的社会化和大众化，因此传统纸媒和电视媒体等机

---

① 杨柳．新媒体与传统媒体的转化与代际共存——基于"媒介四元律"的傣族乡村田野调查［J］．新媒体与社会，2017，（03）：45－61．

构的新闻生产都开始朝短视频发力，组建全媒体平台，搭建多元化社交传播渠道。原有的以文字、图像、声音单种要素向受众传递信息的方式已经收效甚微，利用多媒体等多种技术手段变革生产机制，使用户下沉，渠道下沉，采取形式多样、内容丰富的传播手段来传播信息成为主流。短视频新闻的内容生产全链条形态更新，不同媒体建立自己的账号，根据媒体属性或平台调性生产信息，主流媒体和地方媒体的信息和着力点不同，不同短视频栏目之间内容生产也不同，都有着自己的特色。

③不同平台间内容风格不同

短视频新闻的信息发布机制由去中心化到再中心化，引发了传播模式的变革。短视频新闻生产机构除了在自家媒体发布信息，也开始建立多元传播渠道，多平台广泛传播。以前的新闻信息只能在门户网站、自有新闻客户端和社交媒体发布，短视频形式产生后，社交媒体开始有了专门的短视频栏目设置，一些媒体号比如新闻联播入驻抖音之后便有上千万播放量。

传播模式的变化带动传播"渠道"向"平台"的转变，这种渠道到平台的演变不只是文字上的区别。渠道是信息内容到达受众的唯一且单向的通道，用户是传播渠道的终点，而各用户之间都是没有连接的个体存在；平台创造了信息内容触及受众的多元路径，用户之间彼此在平台上连接，生产者和用户也有连接。媒体与用户互动同时接受信息反馈，用户接收内容的同时可以二次生产内容，也可以创造新的内容，向生产者转化。

与传统传播渠道单向传输内容不同的是，短视频新闻在第三方平台或是自有平台传播内容时，用户之间彼此沟通渠道畅通，包括点赞、评论、转发等。用户在传播过程中有重要地位，媒体也会结合用户选择的倾向性确定以后的内容选题方向和风格。因此向这些平台入驻并不是视频内容从客户端或媒体平台的照搬，需要结合平台特色，改善内容，增加用户黏性，达到最大限度的传播力。

客户端内容相较于微博显得丰富多彩，涵盖各方面且数量众多。在内容形式上，通常在短视频下方是视频内容中文字的完整版呈现，让不方便开声音的用户直接阅读文字，而微博通常是简短标题加视频形式。央视新闻客户端做了竖屏报道尝试，一些新闻打开后会进入全屏模式，竖屏显示画面信息，给人沉浸感。

新闻媒体在第三方平台上的定位是内容提供商而不是传播主导者，无法在第三方平台上扮演把关人角色，更注重的是内容影响力和舆论引导力。例如短视频背景音乐为振奋人心的交响乐，配合正能量新闻内容，有很强的渲染情绪的效果，更容易引起大家共鸣和亲近感。过渡娱乐化的现在，人们需要正能量的东西来表达和巩固信仰，用一种共同的情感将大家维持在一起，这也是媒体的责任，这些价值观补充，可以在平台形成新闻媒体独有的差异化特色。

这些平台发布的内容更接地气，语言更欢快通俗，视频呈现中画面编辑更加活泼，使用鲜明字体和颜色，以超大字在封面做关键词提示的形式展现内容，更符合这些平台用户年轻化的特性。

（2）内容生产专业化

短视频新闻不是简单的把文字视频化，也不是传统电视新闻的片段剪辑，而是将以往的视频采集和制作引入便携式移动应用之中。其具有互联网的交互性特征，需要和文字和图片完全不同的思维。短视频新闻的信息要将发生的事实在以秒计时的新闻内展现，五要素完整并不是必要条件，核心信息的展现，价值观的传播才是主要内容，它的核心，是场景和故事，这需要专业化的生产。同时，基于新闻行业的特殊性和互联网海量信息传播的特性，短视频作品很难持续产生影响力。"爆款"文案和产品也只在新闻受关注期间有影响力，可持续发展性不强。要形成日常化运作，不断创新，注入新元素。

①内容加工精品化

新闻给短视频注入了价值和专业。网络短视频和社交媒体短视频多是用户自己生产内容，出于获取点击量的目的使得娱乐倾向视频居多。短视频新闻优质严谨内容的对冲，提升了短视频的价值和专业性，短视频有了对主流价值的输出，专业媒体人的加入，以专业能力生产短视频，确保内容公信力。信息过载和信息碎片化的时代，想要使信息吸引用户注意力并长时间获得口碑传播，短视频制作机构必须要有创新的精品不断推出，相较于其他类短视频的自制流程，以媒体为主的视频新闻制作媒介，通常采用预先策划方式，在大型事件活动中，围绕主题，集中人力，策划多系列组合式报道，矩阵化传播。在众声喧哗的网络视频中，以主流价值为指引，多元组合为特色，拓展专业生产者责任。

短视频丰富了新闻语态。传统新闻有一套固定表达方式，新闻主体倒金字塔式为主，上帝视角的第三方语态。但当用户注意力转移到移动端，新闻消费场景也随之变化，此时应当了解用户的消费心理，因为内容选择的主动权在用户手中。此时短视频新闻生产者与新闻消费者之间的情感距离决定了用户的消费体验和新闻选择，传统媒体的话语表现形式要做出改变。这种情况下，短视频新闻中的话语表达在和用户互动的过程中不断调整，也使得灵活亲切成了短视频新闻的特色之一。

短视频丰富了新闻形态。目前的媒体融合在全媒体改革基础上前进，对新闻的报道形态也在不断丰富，系列直播、短视频、深度报道、H5、长图文交互报道，每一种形态都有广泛的传播度，形成了全形态矩阵化报道格局。各种形式的配合也弥补了短视频的缺陷，使得报道角度广泛，深度达标。

②表达方式社交化

德弗勒在"香农—韦弗模式"的单向模式基础上补充了反馈环节，提出互动过程模式。"反馈"是受众将信息反映给传播者，传播者一方面可以检验传播效果，一方面可以优化后续的传播内容，这个信息的回流和改进过程就可以看作一个互动过程。

移动互联网时代的典型特征是媒体可以直接面对受众，用更友善的方式了解受众的需求和想法，由此新闻传播由广度走向深度：媒体要花更多的时间和人力来和受众对话，由之前将信息单向搬运给受众，效果转化度不可测量，到现在从发布信息的模式转为向用户提供服务的模式，注重用户体验，表达方式社交化，构建社群，获得用户的信任。比如在重大节日和传统节日里，设置话题讨论，激发用户对传统风俗礼仪的集体记忆和情感基础，激发大家的积极转发评论。

短视频新闻生产后分发至各平台，平台上的用户既接收信息，也传播信息。用户利用社交关系，在社交平台转发自己感兴趣的内容，也有一些人会根据短视频新闻内容发表观点，补充细节，进行二次创作，生产机构收集用户接收信息之后的各种行为和使用信息，结合传播效果，作为反馈信息用来改进下一步的新闻生产。

传统电视台主持人的正面严肃形象已经深入人心，随着媒体选择将网络平台作为重要的宣传阵地，新闻语态和主持人形象改变，将与受众互动作为重要方式。如知名主持人凭借诙谐押韵的文案，与手语播报员的反差形象，在网络迅速走红。但媒体并没有因为在短视频平台就过度娱乐化，也没有完全秉持"严肃新闻"的特性，而是融入了平台特色。在点评新闻时，不用播音腔，而是用接地气的民间俗语等，生动活动地评论时事。

媒体表达社交化背景下，研究受众反馈是传播的重要内容。不论是网站，客户端，或社交媒体，都有"转赞评"功能，平台通过这些指标研究传播效果，也根据这些指标优化产品。结合用户使用习惯进行"算法推荐"，或是使用年轻化的社交语言和用户交流，都是接受用户反馈并改进的结果。

③生产环节智能化

全媒体平台的发展使得新闻内容全面向短视频形式转变，视觉化呈现的背后是底层技术的支撑，技术的发展已经渗入到新闻生产和分发的各个环节。媒体在追求优质新闻内容的同时，也需要技术赋能，扩大传播效果。智能技术参与到信息采集、文字和视频内容的加工、信息搜索和智能分析、信息核查与判断、基于算法的内容分发等多个流程，重构着新闻生产力。传统新闻生产流程包括选题策划、信息采集、信息加工、后期编辑等阶段，智能化生产贯穿在短视频新闻的生产全环节中。

选题策划阶段，短视频新闻生产机构通常结合数据进行选题分析，借助平台数据走向，预判话题热度，选择话题的深化角度，挖掘隐藏信息和冷门话题创造价值。

新闻采集阶段，小屏智能设备承担新闻采集任务，拍摄技术和拍摄方式都随着场景的变化而变化。传统电视新闻由摄像机多机位拍摄再剪辑拼接实现，现在的移动端短视频应用的技术革新带来新的拍摄技术：断点续传。手机在拍摄新闻事件尤其是突发事件过程中镜头通常是运动的，这种运动感也带来用户观看新闻的现场感，是短视频新闻的特色。因此在拍摄过程中可以通过断点续传实现不同画面的组接，增强新闻的真实性。有时也会因为想在单位时间内获取最大化信息，使用一镜到底，这在用户生成内容中很常见。目击者跟随目标边走边拍摄，画面可能抖动严重，这种抖动感也是在场感的体现，但轻便防抖设备也开始普及，轻量化的视频也使得拍摄设备的多元化成为可能。无人机、监控镜头、暗访拍摄，这些拍摄设备和方式增强了新闻的可读性。

信息加工阶段，5G 技术的发展为传播带来新变革，4K、机器人记者、AI、VR、AR 的运用改变报道形态。每年两会都是媒体技术实力大练兵的时刻，报道形态随时创新。例如虚拟主播"小明"，只要将文字稿输入，利用人工智能技术自动生成主播形象，自动匹配字幕和替换播放背景；再如"钢铁侠"三代，实现第一视角直播，让拍摄画面和记者所见画面保持一致，使人深入场景，产生在场感。央视新闻新媒体，运用 AI 技术进行视频剪辑，对时长 1 分钟以上的视频能够在 1～3 分钟内快速剪辑完成，快速分发。现在 AR、VR 技术的使用经常在报道中呈现，用户扫码图片查看现场实况，或是通常全景视频与虚拟动画结合的方式了解新闻，用技术满足用户个性需求和沉浸式体验。

后期编辑阶段，编辑智能化得以实现。智能手机和信息技术的进步，使得各类配合移动智能终端使用的视频剪辑软件可以随意获得。短视频中的字幕、转场、特效和动画可以简单学习后使用，还可以直接套用模板，提高了新闻的时效性。短视频中的字幕使用很常见，用户的使用场景可能在环境嘈杂的上下班地铁中，声音使用功能可能会弱化，这时用醒目颜色字幕标注主要内容，标明新闻要素会更有效。特效和动画的使用也是方便用户对缺失的新闻事实部分的理解，也能体现媒体在二次加工过程中的专业性。

（3）内容传播品牌化

①创新特色化标志

传统媒体在音视频资源方面有得天独厚的优势，有自媒体平台不可比拟的专业素养，坚持原创，运用核心优势制作短视频是媒体平台制作新闻的硬核部分。内容是短视频新闻要坚守的主题。作为媒体机构，新闻报道部门不可避免出现同质化现象，一个新闻经常在推送消息中重复出现，面对海量信息，受众注意力资源有限，这时坚持原创和特色的短视频平台可以吸引更多受众的注意力资源。

互联网时代，某一家新闻媒体在面对突发新闻时成为首发媒体的可能性已经很小，任何事情从发生的那一刻就很快通过网络让公众知晓。各个媒体吸引用户注意力资源的方式就是创新，创建自己的特色平台，有自己的媒体标签。媒体平台和用户生成内容、自媒体的内容区别在专业，这体现在新闻生产有一套流程规范，在碎片化时代保持新闻的真实性。目前短视频新闻的生产流程已经成熟，各家媒体的短视频新闻产品都有自己的视频风格。视频内部有醒目的媒体标志、字体颜色、视频开始和结束时几秒钟的栏目画面，打造自家标志。

②拓展多样化内容

短视频的碎片化传播形式决定了其内容要精品化、垂直化才能吸引用户注意短视频新闻的垂直分类下，各家媒体为避免对相同热点的报道产生同质化现象，都要创新表达和视角。技术的发展为新闻内容多样性带来可能。除常规新闻报道形式外，新闻评论也可以利用脱口秀、趣味漫画等形式创新呈现。

③打造流量化主播

在平台引导更多受众参与事件讨论，媒体也开始注重对自己品牌的打造。短视频在各平台和渠道的传播流量巨大，培养自己的主播，可以形成粉丝聚集，无疑会形成更大的传播力。

短视频新闻传播的平台化和社交化开创了新的短视频评论栏目，改变了话语风格。这种语态风格的鲜明对比，长视频变短视频的对比，横屏变竖屏的对比，都表明制作团队了解了电视新闻严肃表达向短视频情感表达的转变，这样的转变也使得这样的经典老牌栏目重新焕发了巨大的生机。

第二节 融媒体时代的自媒体传播

一、概述

(一) 自媒体时代概述

1. 自媒体时代定义

"社会正从机构向个人过渡，个人正成为新数字时代民主社会的公民。以前评选年度人物的标准是影响千百万人，现在的年度人物就是千百万人本身。"[1] 这标志着以个人表达为主的小众传播时代到来。自媒体时代是指在小众传播不断发展的基础上形成的以用户个体传播为主，借助现代化的电子通信手段，向特定或非特定的个人和群体传递信息的媒介时代。

目前我国对于"自媒体时代"这一概念的研究较少，大多集中在对于自媒体的研究，至于自媒体时代的内涵与界定相对比较表面。

---

① 张莉. 自媒体时代网络意识形态建设研究 [D]. 云南财经大学，2017：12.

自媒体时代的概念是随着社会现代化进程的不断发展而变化的，自媒体时代是带有社交性质的自媒体平台及个人可根据自主意愿通过利用工具进行信息生产、传播、交流、共享的时代。这个时代的社交性极为突出，互动性大大增强，人人皆媒体、全民皆记者的信息内容生产方式形成。自媒体时代，人们不再单向地接收信息，转而更倾向于传播和接收各种声音，零门槛的自媒体让人们有的放矢，每个人都有自己的麦克风，受众需求的变化也不断引领着自媒体平台和技术的更新换代。

2. 自媒体时代特点

纵观媒介发展史，每一次媒介的发展都与人们生活的发展以及技术的进步不可分割。由于技术的更新换代，媒介形式从传统媒体到新媒体，再到目前的自媒体，媒介资源不再集中掌握在少数人手中，社会大众也具有了更多的话语权与表达权。

（1）传播主体的多元化

在传统媒体环境下，信息传播的话语权掌握在权威的大众传媒机构的手中，个人的意见表达面临着重重困难。自媒体时代是以个人传播为主的媒介时代，信息传播主体不再是高高在上的大众传媒，人们不再是被动的"旁观者"，而是信息传播的主动"参与者"，传播主体的形式由以往的单一的权威性主体，转变为多元化的具有独立自由精神的个体。普通人可以通过自媒体平台自由、自主地发布、传播信息，个体的发言空间越来越大，甚至可以引导舆论。例如公众可以通过抖音短视频参与话题讨论，从旁观者角度对问题进行分析，意识形态更为全面和广泛，开放、包容、多元的自媒体社会悄然兴起。

（2）传播渠道的多样性

传播渠道的多样性是自媒体时代的一个突出特征，主要表现为，用户可以根据自己的需要选择多种类型的渠道，来发布和传播信息。网络技术的发展，为互联网渠道的开发提供了更多的可能性。原来受众只能通过传统的主流媒体接收到新闻消息，并且无法形成互动，即使有互动也没有可以进行反馈的渠道。随着众多社交软件和应用不断出现，每种社交工具的出现都为用户进行内容传播扩充了渠道。媒介时代的核心特征是内容的传播，其本质问题是传播主体，因此，不同的传播主体可能会运用不同的传播渠道来进行信息内容的传播，这就充分彰显了传播主体的价值，主体价值支配着主体的价值取向，从而引导着主体的内容和交往路径。

（3）传播内容的广泛性

过去，传统媒体通过为公众设置议事日程，来对新闻进行选择和把关，受众只能够通过单一的渠道接收信息，这样一来受众对于周围事物的认知和判断仅仅停留在传统媒体营造的"拟态环境"之中。自媒体时代的"议程设置"与传统媒体不同，网络的话题集聚能力也明显增强，舆论影响进一步加剧，传播信息的广泛性也在不断增强。来自不同背景、不同地域、不同文化的群体，在进行内容生产和发布的过程中存在着显著的区别。自媒体时代的信息发布和传播都能够按照个人主观意愿完成，抖音短视频传播内容的海量性与意见表达的多样性相辅相成，大众的任何声音都可以被听到，像这样的平台逐渐成为大众进行利益诉求表达和赢取声援的最快捷的平台。

（4）传播方式的交互性

网络用户在共通的网络空间中交流、传播信息，网络生活已经成为日常生活必不可少的组成部分。技术的发展在一定程度上打破了人与人之间的传播障碍和传播隔阂，使得有着不同文化符号的受众能够通过对相同的符号进行解读，形成共通的意义空间，"知沟"进一步缩小。通过使用抖音短视频平台能够相互关注和访问彼此的自媒体平台，人人都可以在充当信息接受者的同时也成为信息的发布者，这种传播方式发挥了传播内容的互动化和自我展示功能。

（二）自媒体时代短视频概述

1. 自媒体时代短视频发展背景

中国互联网络信息中心发布的第 45 次《中国互联网络发展状况统计报告》显示，截至 2020 年 3 月，短视频用户规模达到 7.74 亿，用户对于短视频的使用率为 85.6%，较之前相比 2019 年 6 月用户规模增长率达 9.8%。在如此庞大的用户群体与高速发展的背后，短视频作为一种内容记录和表达的方式，深受用户喜爱，用户可以通过短视频分享自己的生活，表达自己的情感，可以通过文字、声音、视频等方式进行记录。也可以在短视频平台上通过观看别人发布的短视频进行互动，从而增强社交体验感，缓解情绪等。

（1）政治环境

良好的政治环境是企业能够健康、平稳发展的前提条件，相应的政治制度保障以及法律法规的出台，为短视频实现长足发展保驾护航。自改革开放以来，我国人民生活水平有了显著提高，国家繁荣昌盛、安居乐业，给互联网企业创造了稳定的政治环境。

（2）经济环境

我国目前经济发展处于稳中求进的态势，不仅存在强大的发展机遇也存在很多风险隐患等挑战。正是在这种风险和机遇并存的经济环境中，短视频能够抓住新的经济增长点，充分利用政策优势实现爆发性的发展。目前我国经济的发展促使人们消费升级，生活品质不断提高，在满足物质消费的同时，需要满足自己精神层面的消费。

伴随着消费社会的到来，人们对于短视频的生产和消费需求已经表现得越来越明显。一方面，短视频的出现正好契合了现代社会人们快节奏的工作生活，人们可以通过碎片化的时间进行信息接收，并且可以实现对内容的随时随地观看，随时随地取消。另一方面，随着资本不断涌入短视频市场，这也在一定程度上加速了短视频内容生产和变现的步伐。

（3）技术环境

移动互联网与宽带的普及，使网络覆盖广度和深度不断增加，5G技术产业不断发展，随时随地使用手机已经成为可能，用手机浏览视频已经不再是一种"奢侈"行为。网速提升和资费下降为用户带来了良好的用户体验，解决和改善了短视频发展过程中的流量问题，使随时随地的拍摄、浏览和分享视频成为可能。①

大数据技术的发展使得智能化推送、分发成为可能，例如在抖音短视频上，用户可以根据自己的需求定制短视频内容，并且可以实现实时分享，满足用户的心理需求。利用技术进行内容分发是满足群体分化所做出的必然选择，受众个体的兴趣爱好、成长经历、生活方式都不尽相同，因此根据不同的群体推送不同的传播内容不仅能够满足受众的需求，也可以增强受众的忠诚度，并且还能吸引大批内容生产者和创作者的加入。

（4）社会环境

随着社会的不断发展变迁，传统的大众传播已经无法满足受众对于个性化内容的消费需求，网络时代的来临催生新型的网络媒介不断出现，这为受众提供了各种各样获取信息的媒介方式。当前，我们国家正处于社会转型期，大多数群体都无暇进行慢内容的消费，而被快节奏的生活和工作包围，人们渴望有片刻的休闲和放松。短视频媒体的出现，正好为社会转型期的人们提供了一种新型的信息内容接收方式。

（5）文化环境

随着经济的发展，人民的生活水平不断提高，在满足物质消费的同时，人们越来越注重精神消费。正如詹明信所说："从时间转向空间，从深度转向平面，从整体转向碎片，这一切正好契合了视觉快感的要求。"② 我们处于一个视像化审美的社会，大众更倾向于消费视频而不是图文，视频有着更容易理解、表达更为详细具体的作用。

我国文化历史悠久，有着多元化的文化和社会背景，媒介技术的发展使得单独的个体有条件成为内容生产者和传播者。传播媒介的去中心化赋予个体充足的话语权和表达权，受众主体意识的逐渐觉醒和平等观念的逐渐普及，多元的内容生产文化环境逐渐形成。

2. 自媒体时代短视频发展阶段

近年来，短视频在我国形成了飞速发展的态势，在技术不断发展的前提下，短视频得以不断优化和发展，从资本的不断注入到用户基础的日益庞大，短视频成为当前最为流行的信息内容接收媒介之一。自2011年发展至今，短视频共经历了以下四个发展阶段：萌芽期：2011—2013年，短视频应用相继出现，不断进入到公众的视野中，一些具有代表

---

① 朱杰，崔永鹏. 短视频：移动视觉场景下的新媒介形态——技术、社交、内容与反思［J］. 新闻界，2018（07）：69—75.

② ［美］詹明信. 晚期资本主义的文化逻辑［M］. 陈清侨等. 北京：三联书店，1997：37.

性的短视频应用，在这一时期发展起来。探索期：2014—2015 年，2014 年被称为"中国移动短视频元年"，4G 通信技术的出现使得短视频的市场环境得以优化，为短视频发展提供了良好的成长环境。成长期：2016—2018 年，短视频开启火爆发展之路，在这一阶段，经过优胜劣汰后的优质短视频取得长足发展，从内容生产到渠道分发，不断开疆扩土。成熟期：2019 年初至今，伴随着短视频用户的增长率下降，短视频平台已经从爆炸性的增长转为平稳的前进。

（1）萌芽期（2011 年—2013 年）

2011 年 8 月，短视频市场开始发展，很多公司纷纷加大投资力度，短视频应用经过不断优化，在这时出现在受众的视野中，自此国内很多企业纷纷开始布局短视频。

（2）探索期（2014 年—2015 年）

自 2014 年起，短视频不断向好发展，在前期的发展基础上，很多公司总结了相关经验，开始挖掘自身的分发渠道，深耕垂直领域。为了更好地贴合用户需求，短视频应用不断进行受众定位和细分，挖掘用户的潜在需求，形成自己的独特风格和定位。

到了 2015 年，传统媒体开始进军短视频领域，依托短视频平台建立相关账号进行内容推送。在这一过程中传统媒体不断转型，为了更好地服务受众，满足受众需求，建立相关客户端和在短视频平台上进行内容生产。如新华社等传统媒体开始借助自身本来就已具备的内容生产优势，进一步迎合互联网受众传播特点进行内容生产和传播。在探索期，短视频没有成为大众所喜爱的媒介，仅仅停留在一部分人的生活社交圈内，增长前途还很大。

（3）成长期（2016 年—2018 年）

2016 年开始，市场和资本的不断注入为短视频行业的爆发性增长提供了强大的技术和资金支撑。移动互联网第三方数据挖掘和整合营销机构艾媒咨询发布的《2016—2017 中国短视频市场研究报告》显示，2016 年中国移动短视频用户规模为 1.53 亿人，2017 年用户规模为 2.42 亿人，相比 2016 年增长了 58.2%。

2017 年，在资本和技术不断向短视频行业倾斜的时候，也吸引了很多内容生产者投入到短视频行业进行内容生产。短视频成为互联网经济增长的新风口，短视频内容创作者通过实现流量进行变现，平台和资本通过广告投放和扶持内容生产者来获得收益。短视频行业呈现火暴的景象，平台和广告主也在不断运用多样化的营销手段，鼓励内容创作者进行内容生产，由于受众的群体分化，短视频平台和创作者也在不断开发垂直领域，通过受众的薪性来实现商业变现。

（4）成熟期（2019 年以后）

2019 年 1 月 17 日，在字节跳动 2019 引擎大会上，抖音短视频的总裁张楠发表讲话，她认为，短视频行业将逐渐过渡到成熟期，并且会迎来更大的增长空间。从全球化的视角来进行观察，可以发现，短视频需要不断坚持内容创新，深入发掘社交价值。通过观察下图，2016—2018 的短视频手机软件启用次数呈现爆发式增长，但 2019 年短视频应用启动次数增幅明显下降。从下面的图表可以看出，2019 年虽然短视频的启动次数相较于其他年份最高，但是增速为 24.9%，远低于 2018 年的 507.4%。由此可见，中国短视频行业进入稳定发展阶段，从过去的增量市场竞争逐渐转向存量市场的深耕细作。如图 2-11 所示。

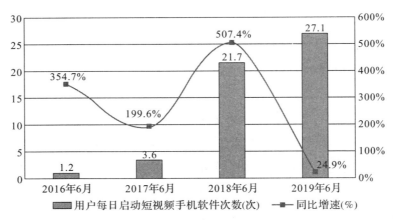

图 2-11 2016—2019 年中国短视频用户每日启动短视频手机软件次数情况

二、自媒体时代短视频内容发布渠道

自媒体时代信息传播迅速且高效，短视频内容有着多样快捷的发布渠道。视频网站、社交媒体平台、资讯客户端以及垂直类手机软件是短视频内容发布的主要渠道。

（一）视频网站

视频网站是依托于完善的技术平台而出现的网络媒体，并为用户提供在线发布视频、浏览视频的渠道。目前我国的视频网站大致可以分为四类：门户类视频网站、电视媒体类视频网站、网络电视类视频网站以及视频分享类网站。

视频网站作为短视频发布的重要渠道，具有良好的先天优势，其一是用户基础广泛，视频网站有着广泛的受众基础，并且人人都可以参与并且进行记录。其二是有着较强的安全保障，无论是广告主还是个人在视频网站上发布信息都会经过严格的审核和筛选，这不仅保护了广告主，也在一定程度上维护了受众的利益。网站上内容多为用户主体生产的原创类短视频，同时将大量作品集中起来，受众可以在网站上传、下载视频内容。这类网站由民间资本投资，边聚拢人气边通过资本市场融资。栏目设置和界面功能较为人性化，用户上传、分享、收看视频更为方便快捷。

（二）社交媒体平台

社交媒体平台，是指一系列建立在 Web 2.0 技术和意识形态基础上，允许用户自己生产内容的创造和交流的网络应用。社交媒体平台区别于一般的互联网媒体，网络用户可以通过社交平台随时随地进行信息交换，拥有者选择内容生产的能力和更大的自由度以形成新的社会群体，社交平台信息呈现的形式多样，不仅有文字消息还包括图形、声音、动画、影像等其他形式。

（三）资讯客户端

资讯客户端主要指的是定期发布资讯信息并且承载短视频内容的客户终端，除了新闻信息内容的提供以外，还可以接收到很多领域的短视频内容。技术的变革为传媒生态的演变提供了重要动力，出现了以"泛新闻"概念为代表的视频资讯类客户端，并呈现快速增长的态势。

资讯客户端实现了从门户时代到聚合客户端时代的进阶，强调技术作用的同时追求有品质的新闻成为聚合类新闻客户端的一种共识，资讯客户端不仅有着丰富的资源和实时的信息推送，还可以进行互动交流，这使得受众更加青睐于咨询客户端的使用。资讯客户端发布的短视频内容大多是依赖于大数据技术的加持，使得传统的资讯阅读不再是"电子版的报纸"，短视频通过在资讯客户端进行投放，立足于数据挖掘，对内容进行重新整合并根据用户习惯进行智能推送，这样一来大大提升了短视频内容的传播效率。

（四）垂直类手机软件

受众群体的逐渐分化，催生了大量传播者进行垂直领域的开发，所谓垂直类手机软件，就是通过开发一种专门针对某个特定领域进行内容生产的客户端，垂直类手机软件与传统媒体有着不同的特点，其专业化更强，用户主体的忠诚度更高，受众群体更加细分，他们对于内容的专业化程度要求非常高。

因为媒介技术的发展和人们媒介接触习惯的变化，每个人的媒介习惯和信息接收方式以及对于内容的喜好都有差异。受众的众口难调不仅促进了媒介技术的进一步发展，更加为内容创新提出了新的要求。随着信息内容的增加，受众难以在海量的信息中筛选出自己所喜爱的内容，受众对于内容和信息服务的差异化需求呼唤着信息内容的细分和垂直定位化，专一从事某一个或几个专业领域的网站平台，逐渐替代了传统综合型应用软件，赢来了发展时机。垂直类手机软件也会用广告宣传自己，他们非常了解自己所在的行业，能精确展示顾客们想要知道的信息，例如抖音、快手、美拍都属于垂直类手机软件。

三、自媒体时代优化短视频内容生产策略

自媒体时代去中心化特征突出，短视频内容生产的大众化和内容传播的广泛性为用户

提供了良好的信息内容接收和传播渠道。在短视频高速发展的同时，也出现了很多的乱象，因此，内容生产者应该持续生产优质的短视频，行业和平台应该增强把关意识，政府应制定相应的法律规范，受众需要不断提升自己的媒介素养。本章将针对上文中提到的问题分别从内容、平台、行业与政府监管、受众这四个方面提出优化策略。

（一）提升内容质量，把握正确导向

短视频平台和内容生产者应该避免片面追求经济效益而带来的内容失范，要不断提升社会责任感，实现短视频内容健康持续的发展。

1. 生产高质量的短视频内容

从内容生产者的角度出发，垂直内容首先要做到精准化、专业化，要善于主动寻找最贴近用户的角度，生产最具有接近性的内容。其次要不断适应短视频的传播特征，不断提升短视频的传播价值。最后，必须要考虑进行内容的差异化选择，内容如果不创新就容易在短视频的激烈竞争中落后。

2. 创新短视频生产内容

虽说短视频内容生产与分发有诸多智能技术加持，但是在内容生产中存在同质化、低俗化和泛娱乐化等价值困境。要想化解这种困境就必须依靠社会主义核心价值观进行引领，做到内容创新、娱乐与严肃结合，坚决抵制低俗、庸俗与媚俗的文化现象，让短视频成为传播核心价值观和弘扬社会正能量的新型文化形式。

短视频内容创作者要不断生产原创类的内容，找准定位，培养创新思维，以抄袭为耻，应该注重保护创作者的版权，并且禁止抄袭，把握社会主义核心价值观，生产健康向上的短视频内容。这种好就主要体现在短视频的内容上，不仅要有接地气的娱乐表现形式，还应该在创作之中处处体现社会主义的核心价值观，将价值创造和传播寓于短视频之中。树立正确的价值观，坚决抵制不良的风气，有助于短视频内容创作者消解价值困境。

（二）改进生产技术，实现长足发展

短视频平台应该注重内容审核，加强内容审查，做好把关者的角色，保护短视频内容生产的权益以及受众的相关权益，严格按照国家规范和行业规范进行内容管理。

1. 完善内容审核制度

目前短视频内容生产存在诸多不良现象，由于网络环境的复杂化和信息内容生产的高度集中，在某个时间段内，可能有上千万条短视频需要进行审核。特别是在节假日期间，用户通过短视频社交媒体发布很多类型的短视频，这都可能造成短视频审核渠道的拥堵。加上，目前对于短视频没有一套完整、健全的审核程序和制度，审核技术也相对滞后，事后把关的趋势更加明显。

因此，为了规避短视频"事后把关"所存在的问题，平台就要不断地完善审核机制，加强技术领域的研究和开发。首先，在用户进行注册时，要实行实名认证制度，确保受众清楚传播违规短视频带来的危害。其次，短视频平台应该加大审核力度，对于内容实行"三审四审"，为用户提供一个干净、健康的短视频传播环境。

2. 注重短视频版权保护

平台要不断注意履行各项义务，并且优化自身技术。随着 5G 技术的不断发展，平台应该抓住机遇，开发能够利用 5G 技术进行短视频内容审核的新技术，实现内容审核时间短、效率高、质量好的目标。目前阶段，可以考虑引进内容识别技术，在短视频上传过程中进行自动识别，这样一来可以降低人工审核的成本，二来可以提高内容审核的效率。平台在给受众进行短视频内容推荐时，应保持正确的价值观，而非以流量为唯一准则。

短视频平台在审核短视频版权过程中，应该提高自觉性和能动性，对于盗版内容要有一套完整的甄别方法，并且合理地保护原创内容。对于一些涉及内容侵权的短视频账号进行从严处理，永久封禁。这样从长久来看，有利于形成"风清气正"的短视频内容生产环境，也有利于激发内容创作者的产出积极性。

（三）优化行业生态，规范运营管理

行业应该加强自律，制定相关的驻入条款，政府应该加强监督制定相关的监管规范，保证短视频行业向着积极健康的方向发展。

1. 加强行业管理

短视频平台的管理与规范不仅需要内容生产者和平台的双方努力，还需要行业共同自律。各个平台之间应该多进行沟通交流，互相聆听，这是促进行业自律不断优化的重要手段，在这一过程中有可能形成合理有力、统一执行的行业准则。短视频行业在追求商业利益的同时也要把握和兼顾公共利益和社会利益，发挥好舆论引导、政策传递、信息监督的功能，不断引导行业健康发展。

短视频发展迅速，因此会出现各种各样的问题，政府在进行行业治理的同时要不断引导行业主体进行自律。自 2018 年以来，国家对于短视频行业的监管力度逐渐加大。一系列的整治和规制，要求短视频行业要不断加强管理，制定相应的行业规范，来对短视频内容生产进行严格的管理。

在网络短视频平台上传播的短视频内容都要经过严格的内容审核才可播出。这是为进一步规范短视频内容生产对行业和平台提出的新要求，短视频行业应该不断强化管理手段，对短视频内容生产进行规范。短视频平台应强化责任意识，对短视频内容生产进行严格管理，防止带有错误价值观的内容传播。

2. 制定监管新规范

短视频要想取得长足进步和发展，就必定需要受到监管，如果任其自由生长，会导致

内容生产的偏离，行业竞争的无序。因此亟须制定针对短视频行业、短视频内容生产者、短视频平台的一系列监管新规范。

政府对于短视频平台的重拳出击，是保护受众权益，维护网络生态文明的重要体现。但是随着我国短视频平台的迅速发展，相关的行业规范并没有进行完善，法律的"空窗"导致无法对短视频乱象进行处置。政府部门应不断完善相应的法律规章制度，及时出台适应短视频发展变化的新规，规范短视频行业的良性发展。让短视频出现的问题都可以做到有法可依，并能够形成便捷高效的法律处理程序。

（四）强化价值引领，提升媒介素养

短视频内容需要强调正能量，紧跟中国社会主义核心价值观，受众需要不断提升自己的媒介素养，不断提高审美情趣和视觉素养，主动抵制不健康的内容，避免过度沉迷。

1. 强化受众价值引领

自媒体时代信息内容传播的时空界限被打破，传播障碍和传播隔阂逐渐弱化，受众可以在网上进行信息的实时分享和传输。短视频通过冲击受众的感官，呈现出直观清晰的视觉感受。这种"高清晰度"意指一种数据充盈状态，即"由于数据信息完整，受众成员几乎无需进行任何补充"。短视频通过算法推送技术，向受众不断地灌输某种内容，让受众长期处于信息茧房中，丧失了独立思考的能力和批判精神，从而导致思维方式固化。这些内容的存在是因为有相当一部分的受众群体对于这类短视频内容存在需求，这类受众无法辨别是非、善恶、美丑，过度追求感官刺激和低级趣味，逐渐丧失了正确的价值取向。

因此在受众面对如此庞杂和巨量的短视频内容的时候，引导受众正确认识短视频具有重大意义，能够为受众提供健康的视频文化环境，让受众树立正确的网络意识。正确处理抖音的工具理性与价值理性的关系，指引人们共商共建共享美好的网络视频空间，把短视频平台打造成有意义的、正能量充盈的、满足人们美好生活需要的场域。引导人民树立正确的价值观，重视短视频对于个人自由全面发展及社会发展的意义，人民的需求具有个性化和层次性，需要适当引领与引导，利用短视频丰富个人精神世界，不能为流量而一味迎合某些人的低俗的需求。

2. 提高受众视觉素养

"当代视觉文化是以图像或者形象、影像占据主导地位的文化。图像艺术是当代视觉文化的主体表现形态，因而图像艺术为主要组成部分的视觉文化便成了当代人的主要生存方式和生存空间，同时图像艺术中的审美过程是非常必要的审美活动"。基于用户数量的不断增加，短视频行业迎来了爆发，用户媒介素养的高低也在一定程度上影响了短视频行业的发展走向。

媒介素养指的是社会公众对不同类别的媒体信息进行解读和判断的能力以及将媒体信

息与自己生活相结合的能力。由于短视频受众基数较大，因此很大一部分的受众媒介接触能力和媒介素养相对较低，对网络内容的优劣辨别能力不强，往往为一时的好玩刺激，而跟风追逐不良信息内容。短视频受众应该树立正确的人生价值观和是非道德观，在道德和法律底线内搜索和浏览视频，并且多观看积极向上、有趣的视频内容，不盲从跟风观看，也不盲目转发低俗不良的短视频内容，培养自身对违法违规内容的投诉举报意识，在潜移默化中共同营造良好的网络环境。

同时，短视频平台也应该注重引导受众观看积极向上的短视频内容，平台可以经常向用户推送正能量的优秀人物和事迹，营造良好的媒介环境，从而为提升用户的媒介素养提供良好的环境。

第三节　融媒体时代的舆情传播

一、网络舆情

（一）网络舆情概念

网络舆情是社会舆论的一种表现形式，是一种以网络传播为载体，对现实生活中人们关注的热点问题有较强的倾向性和影响力的一种言论。在新媒体、自媒体和融媒体迅猛发展，技术日益成熟，网络和媒体平台对公众的吸引能力日益加强的环境下，网络舆情一般以社交平台、客户端、论坛为传播途径，利用手机、平板和电脑等通信设备，对于一些热点事件表达自己的观点，阐述自己的意见，如果对于网民关切的事件，相关部门没有及时做出回应，没有及时预警及妥善处理，则会给谣言的传播创造可能，导致网民的不满，助长网民的负面情绪，在谣言的煽动下，在对于事件真相的信息需求没有得到满足的情况下，网络舆情在互联网上将一触即发。

（二）网络舆情的实质

网络舆情的实质一方面是以关注事件的网民热点为导火索，借助使用便利、传播速度快的网络媒体平台来表达自己的观点，提出意见。另一方面认识网络舆情，可以认为它是广大网民的思想和观点的相互碰撞交流，产生的结果影响事件的后续发展的过程。在此过程中，民众的心态也会随着时间的发展和舆论的走向不断发生变化，这也直接影响了网络舆论的方向难以把握，此时如果政府及相关部门没有及时响应，或者忽略了网民的意见，就极有可能激起网络舆情持续发酵，引发次生网络舆情事件。

网络舆情是一种互联网中的社会舆情，是现实社会中的舆情在网络中的反应，相比于报纸、电视、杂志等传统媒体，借助现代新型互联网技术形成的新媒体、自媒体等新型媒体，更具有便利性的优势。运用互联网技术产生的新型媒体不受时间和空间上的限制，受众群体更加广泛，由于易于获取和便于使用，更加能够吸引受众在互联网上进行参与和交流。在互联网和新型媒体出现之前，民众对相关事件的看法和意见都存在于现实社会，通过口头交流在一定范围内进行传播形成了小道消息，具有较强的不确定性，如果想要得知舆情的真相，需要进行实地调查，这项工作需要极大的物力、人力成本进行信息采集工作。随着互联网技术的不断发展，公众可以通过各种互联网平台发表自己的意见，对于事件的观点和看法进行交流，随时随地获取最新的消息，网络舆情相关信息的获得更加便利，相关舆情信息涵盖的内容范围更广，因此在互联网技术的支持下，在新型的互联网媒体平台上的网络舆情信息的获取成本就变得更低了。

网络舆情是公众的意见在网络中的真实反映，网民利用互联网在各大平台上对于他们所关心的事件进行讨论并交换意见，发表自己的观点和看法，参与网络问政。不同身份、年龄、职业的网民的情绪和想法集合在互联网中形成了网络舆情，因此网络舆情也影响着社会的稳定和政府相关管理方式和管理办法，这同时也对政府在管理方式和服务方式中开辟新的方法。随着科普知识以及教育的不断进行，民众的监督、参政议政的意识也在不断提高，这就要求政府及相关部门要高度重视网络舆情的信息公开和网络舆情引导。如果政府部门在信息公开和处置上有不足的地方，极有可能引发民众的不满情绪，严重的也可能引发更大的舆情事件和次生舆情，进而造成更严重的危害。因此要求政府部门要做好应急预案和舆情信息公开以及舆情引导的相关工作。

（三）网络舆情分类

1. 围绕舆情事件划分

一些学者根据不同的划分标准对网络舆情的类型进行了划分。围绕网络舆情事件本身进行划分的划分标准有按网络舆情事件内容、按形成过程、按构成、按境内外等进行分类[①]。

2. 按舆情主体和传播划分

有学者从网络舆情涉及主体和舆情传播的维度将网络舆情分为政府类或非政府类主体的行为、单一主体行为或多个主体行为；（网民及媒体的）传播参与度高低、传播影响力强弱、有无网下行动[②]。

（四）网络舆情要素

从已有的研究来看，无论从哪个维度分析，网民群体、网络媒介、舆情内容都是网络舆情演化的重要因素。

---

① 中共中央宣传部. 网络舆情信息工作理论与实务 [M]. 北京：学习出版社，2009.
② 王国华，冯伟，王雅蕾. 基于网络舆情分类的舆情应对研究 [J]. 情报杂志，2013，32（05）：1—4.

1. 网民群体

公众的各种情绪在互联网这个平台上进行倾诉，公众利用互联网这个扩大了的舆论场来表达对于事件的看法、态度和诉求。网络舆情的主体在互联网平台上表现为多元化个复杂性的特点，网络舆情的主体代表不同的利益团体，有着不同的诉求和意见，他们的认知能力和层次都有差距，网民群体不仅仅是网络舆情的传播者，他们对于政府、媒体等部门实施压力，也会影响网络舆情的发展。

2. 舆情传播媒介

网络媒体技术的逐渐成熟，新兴媒体的便利性增强，民众在时间和空间上的观念都发生了变化，信息和舆论的传播者和受众的时间和空间上的距离变得越来越短，信息的传播、网民的观点交流也变得不受时间和空间限制。现在的互联网媒介环境与传统媒介有本质上的不同，在互联网媒介中，信息和舆论的传播受空间的束缚，网民能够自由地进入传播空间，有更大的空间进行信息交流和共享，为舆情的表达提供了更便利的条件，网络舆情传播的影响范围也更广。由于互联网的便利性、媒介平台的多样性，网民的行为在网络舆情中也有了多样性、多变性的特点，加大了网络舆情的管理难度。

3. 舆情内容

相比于以重大社会性事件、社会热点问题、突出社会矛盾的问题和近期流行的现象为主的舆论客体，网络舆情的客体更具有多元性的特点，内容较为丰富，网民关注的焦点可以是一切人、事、物，只要这些客体具有一定的争议，会引起社会问题、或矛盾，都有可能引起网民的讨论和关注，舆情事件一般都是人们关心的问题，具有社会性和话题敏感性，因此会引起社会的广泛关注。

（五）地方政府与网络舆情的关系

地方政府不同于中央政府，具有独特的属性，可以使用的权利是受限制的。在职能方面承担的责任是维护地方社会安定；在职权方面地方政府治理权限受地域限制，地方性法规权责范围只属于当地；在结构方面，地方政府的内、外结构都较为复杂，导致职能关系也较为复杂；在角色方面，地方政府既是管理活动的领导者也是执行者。地方政府具有很强的区域性，熟悉地方的风俗人情和地方人民的生活方式，有能快速采集消息收集民意的优势。

二、融媒体时代地方政府网络舆情应对策略

融媒体时代的到来，使得人们交流信息的媒体环境发生了变化。自媒体平台的出现使人们获取信息、传播信息的渠道更加多样化，这些自媒体平台兼具着人际传播、组织传播和大众传播的特性且具有惊人的信息传播速度，从某处发送信息再到身处世界各地的网民

接到信息，其中的时间可以忽略不计。自媒体平台的出现，打破了人们信息传播和接收的时空限制，网民可以在任何时间、任何地点发表言论。从居家日常到国家大政方针，以及军事、经济、教育和国内外时政消息都可以成为网民发表的内容。根据网民个人意愿，其感兴趣的话题和事件都可以用视频、音频、图文等形式发送到自媒体平台上。这些信息如果引起了共鸣，在短时间内就能汇聚成百上千的信息反馈。这样的自媒体发布机制，不仅激发了信息发布者的积极性，更提供给广大受众自由选择议题的机会。但是，在全民信息素养较为低下，针对网络空间言论立法尚未成文的情况下，自媒体平台也将成为孕育网络舆情的温床。

（一）完善地方政府应对网络舆情政策

1. 提升地方政府对网络舆情治理重要性认识

（1）对应对网络舆情的重要性认识

政府的工作人员，人人都要重视网络舆情，加强对网络舆情的认识。互联网和网络媒体技术不断提升，改变了人们的互动交流和信息获取的方式，但是政府部门对于网络舆情的认识还不够清晰，对应对网络舆情工作的重要性的认识也不强。没有足够意识到网络平台是网民发表意见抒发情绪的重要渠道，地方政府、某个专业领域或个人的问题都可能在网络上引起广泛关注和讨论，不及时应对就会发展成社会的热点问题。对于网络舆情的认识程度不够全面，对于技术的应用理解有限，不做出回应，网络舆情就会自然消退，因此而错过了舆情治理的最佳时机

（2）对媒体的功能认识。

在自媒体时代，媒体使用的便利性、信息传播的迅速性，使得网民随时都可以成为事件的披露者、热点事件的讨论者和监督者。媒体的发展形式给政府网络舆情应对和社会治理能力提出了新的挑战和要求，但从调查研究结果来看，目前一些地方政府还没有意识到媒体的传播力量。在舆情应对和引导的方式方法上没有跟上媒体发展的脚步，原有的方法已经不适用于现在的信息传播模式，同时疏于对自媒体、多媒体等的监督和控制，缺乏网络舆情危机的敏感度，导致错过了网络舆情应对的最佳时机。在处理网络舆情事件时，忽略了在自媒体、新媒体等处理网络舆情的渠道，认识不到新兴媒体的传播能力。

2. 网络舆情法规政策建设

尽管在信息安全、网络安全的相关法律法规中也有网络舆情的相关规定，但目前仍然缺乏完整的网络舆情法律法规。网络舆情的相关治理工作需要完善的法律体系，但目前我国在网络舆情治理方面还没有出台专门的法律，但在网络安全、网络与信息安全的相关领域有关于网络舆情的相关规定。总体上看，目前关于网络舆情相关的法律法规较少，即使是有相关规定也不具有系统性和完整性。相关部门在网络舆情的治理中所依据的多数是规

范性的文件，使用行政手段监管。因此，建立完善的网络舆情法治体系是目前网络舆情治理工作中的重要一步。通过网络舆情的法制建设，规范各政府部门、公众行为、媒体等主体在网络舆情治理中的责任和义务，为网络舆情的治理工作提供法律保护。在网络舆情法制建设中不仅要根据网络舆情的发展趋势准确制定相关法律法规，还应该对于网络舆情治理进行明确的权责划分，并不断完善。健全的网络舆情法治体系对于社会不同主体在网络舆情事件中的行为不仅是约束也是一种保障，面对发酵迅速的网络舆情，政府部门及时反映并公布网络舆情信息也需要一定的依据。

政府部门要联合媒体积极开展网络舆情相关法规制度的宣传，提高民众对于网络舆情中明辨是非的认知水平，防止网民在互联网中受到消极信息和不实谣言的影响，被带有消极目的的组织或个人错误引导从而盲目跟从。网民的网络舆情认识水平和对信息的判断能力，影响着政府在网络舆情引导和应对中的工作难度和效率。因此对于民众的网络舆情法律法规宣传教育是网络舆情应对工作的重要过程，通过网络舆情法律法规的宣传教育，使得网民在网络环境中约束自己的行为，网民有意识对网络社会负责，净化网络空间。

3. 完善网络舆情信息公开制度

在网络舆情的爆发期，一些关于事件的不实信息让网络舆情的讨论在网络上迅速升温，网民们对于事件相关真实信息的需求也越来越强烈，关于事件本身和影响到网民等方面的相关信息等问题的讨论都在网络上产生了大量的舆情，在这些网络舆情中也难免夹杂着让民众更加恐慌和焦虑的虚假谣言，促进网民负面情绪的继续增长，网民的这些高涨的情绪也在推动网络舆情进一步爆发。这一时期的网络舆情网民的意见和言论在网络中迅速集合，网民通过在网络平台上不断跟帖、转发，对于热点事件和话题的讨论升温，意见领袖等网民主体在网络上的影响力也越发凸显。政府相关部门要根据网络舆情的内容、走向等进行评判，由此分析出网络舆情的属性和发展倾向。网络舆情的研判工作需要相关工作人员具有较强的洞察能力和敏感性，政府部门在对网络舆情研判时要能快速定性事件的性质和类型，网络舆情事件是否为自发性等问题进行深入的分析并做出准确的研判。政府对网络舆情的研判过程，实质上就是对网络舆情相关信息收集、处理，经过分析得出结论的过程，进而对于舆情事件进行定性研判，为定制科学有效的网络舆情引导提供方向。在做出科学、准确的网络舆情研判之后，政府相关部门根据研判结果首先要在各大媒体平台与网民互动交流，有针对性地公开网络舆情信息，澄清舆情事件的不实言论，满足公众对于相关舆情信息的信息需求。

（二）提高地方政府在网络舆情应对工作中的资源支持

1. 加强网络舆情应对工作的设备支持

在网络舆情的潜伏期由于引起舆情的热点事件刚刚产生，事态还不算严重，暂时并没有产生很大的影响，讨论范围还较小。在网络中关于热点事件的讨论还没有形成大规模的聚集，只是以一些相对较为片面的意见或者推测存在网络中，一些猜测和谣言也在一定的小范围内引起了民众的轻度恐慌情绪。但由于没有官方证明等原因很快舆情就慢慢消散了，潜伏期的网络舆情虽然引起的关注范围不大，但也为接下来网络舆情的发展埋下了伏笔。如果没有建立成熟完善的网络舆情预警机制，会导致舆情扩大。在网络舆情监测和预警阶段，政府相关部门要提供足够的技术和资金支持，配备专业的网络舆情监测人才和设施，定制完整的舆情监测和预警方案，将网络舆情监测和预警流程具体化，能够有效地及时发现处在萌芽期的网络舆情，为网络舆情的有效处置和引导做足准备。利用大数据技术进行信息识别，及时发现敏感信息和谣言能够有效地管控舆情风险，有关部门根据舆情监测到的信息进行有针对性的舆情信息公开，做出有针对性的网络舆情处置预案。

2. 网络舆情应对工作的人才培养

在网络舆情的管理和治理中，与传统意义的舆情有着较大的区别，舆情应对的方式也有区别，因此建设有专门负责网络舆情管理和应对的专业团队是很有必要的。要加强专业的人才培养和团队建设，把重点放在相关工作人员的专业能力、应变能力、技术水平、信息素养等方面，进行明确的规范和要求，以此作为人才招聘和考核的要求，在这些方面对人才加强专业培训，加强专业人才的队伍建设，为政府的网络舆情应对工作提供基础的支持。

在规范管理人才队伍的同时，应加强人才队伍的培训体系，提高人才培训的实用性，加强专业培训，在培训形式和培训内容上实现多样化。从理论和实践两个维度开展舆情管理相关方面的培训，开阔培训人员的视野和多样性的知识储备，逐渐扩大培训的领域，渐进增加培训成本，丰富培训内容。要加强重视实践方面的培训，在合理的时间段开展相关的应急演练，保障相关人员扎实掌握培训内容，保障培训的效果。

3. 加强网络舆情反馈机制建设

融媒体时代网络传播具有发散性传播的特点，网络舆情传播途径多且数量大，网络信息传播速度快，网民在发表言论多元化特征，舆情走势不好控制，这就增加了政府部门应对网络舆情时间的难度。相似的网络舆情事件再次发生时，相关部门可借助历史网络舆情处置数据积极响应，通过以往对民众意见和意识趋势的分析，对民众的需求及时回应。网络舆情处置数据存档之后由相关档案部门进行保存，地方平台负责有关电子资源的维护。在后续舆情事件发生后，相关责任部门可以迅速查找历史类似网络舆情事件处置数据，这些数据相当于一个案例，为政府部门的决策提供参考，能够及时对类似网络舆情做出回应，在第一时间回应民众需求。根据存档的网络舆情处置数据对于民众的情绪走势做出预判，与网民及时交流，响应民众需求。根据历史类似网络舆情事件的处置相关信息，对公众的需求进行积极回应。网络舆情处置数据的收集存档，不仅是针对相关网络舆情的处置数据，还有政府以及相关部门在发布应对网络舆情相关信息后，网民的相关转发评论等一系列能够反映网民对处置的情绪和意见的相关数据信息。这些信息能反映出网民对于处置的意见和态度，有助于政府把握以后类似网络舆情事件的解决方向。利用大数据技术抓取舆情处置信息下网民的情绪变化或热点评论，相关舆情事件意见领袖的观点和意见趋势，对于这些信息进行研判，有助于政府机构有针对性地进行舆情引导。网络舆情处置数据在政府处理网络舆情时除了具有案例的参考价值，还可以为相关机构的舆情预警工作提供依据，帮助政府部门在被动处理舆情事件之前提前预测可能会发生的舆情危机，提前重视并积极解决防止危机事件爆发。

（三）不同主体的网络舆情引导

1. 突出正面人物的网络舆情引导

互联网的迅速发展，多媒体、新媒体技术的不断更新进步，使得网络舆情在研判、治理、引导和应对上有一定难度。对于在突发公共卫生事件中涌现出的突出人物，从政府的角度进行事迹报道和宣传，突出人物在媒体平台勇于发声，与民众互动有助于突发公共卫生事件网络舆情治理和引导工作，有助于遏制谣言的传播，稳定民众情绪。

2. 发挥政府为主体的网络舆情引导作用

构建不断完善的网络舆情的管理机制，能够为相关部门开展网络舆情引导和治理的相关工作提供有力、可靠的保障，并提供相应明确的规范和科学指导，以此方式有效治理舆情，开展舆情引导和应对工作，最大限度发挥政府在舆情引导和控制上的作用，对症下药，用最有效的方式及时在最大限度上做到令广大网民满意。根据具体事件的具体实际情况，制订合适的方案计划，运用合理完善的模式及时对网络舆情做出科学的引导，将工作的重点放在还原事实真相，对网络上的不实言论和谣言进行及时的辟谣，从而正确引导舆论走向，稳定民众情绪。

政府及相关部门通过网络渠道及时进行舆情信息的公开，可以在很大程度上降低公众对政府的不信任感，在网站上开通便于民众行使监督权利的模块，可以有效提升民众与政府互动交流的主动性。

3. 规范意见领袖的舆情引导

在舆情波动期，谣言层出不穷，在此期间及时分辨谣言及时辟谣就成为有关部门的工作任务之一。政府在网络舆情的应对和引导工作中要考虑的是采取什么样的方式方法、如何回应、怎么解决等问题，网络舆情应对和引导的工作目的是疏导民众的情绪，而不是对于观点和言论的束缚。因此政府在网络舆情的引导和应对工作中，首先要运用好媒体平台的传播和信息交流的优势，及时公开舆情事件的真相。在对网络舆情进行研判之后，政府部门应该及时有效的做出网络舆情引导，利用媒体平台合理、准确地进行回应。

在网络舆情事件发生后，政府部门应加强意见领袖识别意识，在媒体平台网络舆情事件的相关讨论中，准确捕捉意见领袖的观点和动向，进行适当的跟踪监测。对于意见领袖及时发现，及时引导，将意见领袖规范、培养成网络舆情引导工作中的重要力量，使得意见领袖能成为网络舆情正向的引导阵。

（四）提供先进可靠的网络舆情管理技术支持

1. 地方政府融媒体平台建设

（1）开通融媒体平台

融媒体平台的便利性和庞大的网民使用数量更为地方政府收集民意，了解民情提供了有利的平台，有助于提高地方政府收集民意的工作效率。通过了解网民的观点、意见等可以在网络舆情应对中"对症下药"，有针对性的公布舆情信息，更加明确舆情引导的方式和网络舆情应对的方向。对于网民关心的问题及时接到，对于在网络中兴起的不实信息及时澄清，将影响网络舆情治理的不安定因素扼杀在萌芽的状态，可以有效的控制舆情的发展。

地方政府通过融媒体平台可以及时有效的与网民互动交流，及时聆听网民的呼声，收集网民的意见，了解网民的态度。通过与网民互动做出及时有效的澄清，疏导网民的情绪，增强网络舆情应对和引导的工作效率，也可以增强维护社会的稳定。除了政府部门的官方网站，融合新媒体平台，在新媒体平台开通账号，为民众提供更加便利的信息获取渠道。通过官方的账号在融媒体平台上向民众发布真实的信息，不给谣言和虚假信息衍生传播的机会，有效遏制谣言的产生，防止谣言大范围传播带来更严重的不良影响。

（2）与第三方合作建设融媒体平台

政府联合第三方媒体平台建设政务融媒体平台，联合具有较为成熟技术的公司提供融媒体平台建设服务。相关政府部门应根据融媒体平台的特殊性进一步加强舆情信息公开、舆情引导的规范，对于具体的舆情信息公开范围、公开方式、定期更新信息等具体工作加以明确。要重视民众在舆情信息方面的需求和相关意见，注意所公开的舆情信息是否是民众真正需要的，从供给侧和需求侧同时考虑，及时对舆情信息公开的相关规范和具体任务进行合理的调整。在热点事件发生后，政府应及时有效地发布相关信息和处置办法。

2. 地方政府舆情信息公开渠道建设

网络舆情事件的发生具有一定的突然性和诸多的不确定性，网络舆情发展过程中具有一定的模糊性，容易被带有特定目的群体利用带有倾向性的言论对网络舆情进行错误的引导。一些谣言和不实言论也会影响网民的情绪更加负面，引起社会更强的不良影响。因此地方政府要在做好事件真相的调查之后及时进行澄清，才能够及时对网络舆情进行正确的引导，稳定公众的情绪。但是在政府网站上的通知公告等栏目进行简单的信息发布时，较少有群众会在政府相关部门的网站上自助查找相关信息，通知公告中的信息也极容易被其他通知掩盖，所以这种形式的舆情信息公开的作用就被大大削弱了。

地方政府的融媒体平台借助各大不同新媒体、多媒体等媒体平台的传播优势，可以担负起澄清谣言、舆情信息公开和网络监督等舆情治理的责任。融媒体平台传播信息的迅速性和使用的便利性，更有利于网民接收地方政府做出的网络舆情信息公开和辟谣等工作内容，提高了地方政府在网络舆情引导中的工作效率。地方政府在做好充分的事件调查之后，在媒体平台中以文字、图片、视频等多种形式向网民们澄清事件，及时辟谣，及时公布事件处置进展，达到消除网民的疑虑的目的。

3. 地方政府网络舆情监测技术升级

在网络舆情的管理和治理中，与传统意义的舆情有着较大的区别，舆情应对的方式也有区别。网络舆情的传播方式由于媒体技术的发展也发生着改变，新的网络舆情的传播方式和传播特点让有关部门在网络舆情方面的监测难度变大，网络舆情的监测机制也急于更新完善。事物的发展具有一定的规律性，因此网络舆情的监测工作也可以利用网络舆情发展的规律，利用大数据技术、人工智能技术进行更为科学具体的网络监测工作。开发更加智能完善的网络舆情监测系统，通过更具体、精细的网络舆情信息分析，对于收集到的信息进行筛选、提取和分析等工作，为网络舆情的研判和进一步应对提供基础。网络舆情的监测工作是政府部门把握网络舆情发展方向的重要手段，网络舆情监测工作的质量是政府部门制止不良舆情事件进一步发展的关键步骤。在网络舆情的监测工作中要对于收集到的信息进行鉴别，去伪存真，从而保证舆情信息的真实性，利用科学、先进的信息技术对于收集到的信息进行分析，判断网络舆情的发展，并做出科学的评估，在网络舆情事件的影响范围、影响程度等方面进行预测，做好相关方案并通知相关部门做好网络舆情应对措施，从而控制网络舆情的发展方向，防止网络舆情的进一步爆发。

同时建设有专门负责网络舆情监测的专业团队是很有必要的。要加强专业的人才培养和团队建设，把重点放在相关工作人员的专业能力、应变能力、技术水平、信息素养等方面，进行明确的规范和要求，以此作为人才招聘和考核的要求，在这些方面对人才加强专业培训，加强专业人才的队伍建设，为政府的网络舆情应对工作提供基础的支持。

第三章　融媒体时代下的社交媒体

第一节　高校＋社交媒体

随着大数据、云计算、移动互联网、人工智能技术的发展，在国家政策大力支持下，全国主流媒体相继拉开了媒体融合的矩阵，并且正全力推进融媒体中心建设，媒体融合迈出实质性步伐，融媒体时代来临。我国坚持把教育摆在优先发展的战略地位，坚持育人为本，全面推进素质教育，在新时代又提出了全程、全员、全方位育人的理念，着力统筹育人资源和育人力量，构建一体化的育人体系。高校校园媒体是学生获取信息的重要渠道，是育人的重要载体，是全面落实"三全育人"工作的重要组成部分。融媒体发展的大环境为高校校园媒体的融合发展带来了严峻挑战的同时也提供了改革创新的土壤，高校校园媒体要自觉适应融媒体发展的潮流，推动校园融媒体发展与育人高度融合，增强育人的时代感、吸引力、感染力。在融媒体背景下，实现学校校园媒体的发展，具体从如下几方面入手。

一、融媒体时代校园媒体增强育人功能

融媒体时代，高校校园媒体育人功能的发挥要固本清源，回归内容核心，只有具有思想性、真理性、现实性，有态度、有温度、有深度的高质量的内容才能够促使育人功能的实效发展。高校校园媒体挖掘、提供饱满的育人素材，将其进行包装、制作，以充满创意的形式与艺术性的表达方式体现出来，将精品内容与泛内容相结合，接地气、聚人气，强化特色内容，提升内容生产力，使优质内容常态化。这些流程的关键在于"有效供给"，不仅把握时代特征，还融合思想、文化、情感、经验的内容供给，在人文关怀、怡情益智中受到启发与教育。

（一）以多样文化来提升知识传递功能

文化具有多样性、时代性，起到"催化剂"的作用。主要体现在以下两个方面。

第一，加强本土文化的教育。中国传统文化源远流长，博大精深，有着独特的价值体系，包含天下为公、知行合一、厚德载物和刚柔兼济等思想，注重仁爱、诚信、义利和忠

毅等精神，有助于培养大学生爱国、自律、创新和谦逊等品格。

第二，加强校园文化的创新创造。高校校园文化是在长期办学过程中所形成的特有的精神状态和氛围，是属于高校自我的文化，强调高校校园媒体育人与校园文化相结合，有助于让大学生在共同创造的文化环境中体会到精髓和力量，更有说服力和感染力。

在融媒体时代下，高校校园媒体以文化人不仅要讲古又要讲今，还要讲内和讲外的精神，不断完善知识结构，丰富精神世界。在增强文化认同的基础上，促进文化的自我觉悟和觉醒，提升学生的文化鉴别力、文化传播力、文化创新力，实现薪火相传、文明相承、绵延发展。

（二）以关注关爱来增进情感凝聚功能

高校校园媒体育人要找准与学生进行情感互动的切入点，打好"情感牌"，传播正确的情感价值观、激发情感能量、增强情感体验，让学生在受到关注、关爱、尊重等美好的情感中自发地接受教育和进行自我教育，从而使思想意识得到进步、道德观念得到提升、行为习惯得到转变。

情感具有稳定性、内隐性，起到"黏合剂"的作用。高校校园媒体育人要能唤起学生的情感关注，让学生感受到关爱，打开学生心理防线的"闸门"，真正走到学生的"心坎"里。具体可以从以下三方面入手。

第一，以入情入理的语言写好高级软文。软文是相对于硬性广告而言的，软文的突出优势就在于绵里藏针、以柔克刚、润物无声的传播效果，成功的软文一般在标题、信息、结构上具有可读性和创意型，对于高校校园媒体而言就是要能引发思考、抓人眼球，避免冷冰冰的讲述与说教。

第二，以典型的人物故事引发情感共鸣。讲好故事，或悲或喜，总会对人的心灵有所触动。这些人物故事或使人感动流泪，或令人敬佩赞赏，都能使人进行积极健康的情感内省，与之向往，为之努力。

第三，以新颖独特的形式创设情感情境。一切知识都是从感官开始的。校园广播可以以温厚、亲和的语调以声传情，校园新媒体可以以文字、图片传情，电视台可以以微视频、微动画传情等。高校校园媒体可以采用多种形式再现、模拟、创设情境，化抽象为具体，以情激趣、以情促知、以情感人，身临其境地感受弦外之音、言外之意。

在融媒体时代背景下，技术的发展为情感的传递提供了良好的条件，要更进一步地在语言、话题、形式上进行"把脉"，增强艺术性，因势利导，以关注关爱为基础建立情感连接，强化高校校园媒体育人的感染力和说服力，在共通的基础上达成共识并转化为行动。

（三）以互鉴共进来加强实践锻炼功能

实践高于认识，因为它不但有普遍性的品格，而且还有直接现实性的品格。从这一方面来看，直接经验的育人作用更加客观。高校校园媒体作为实践锻炼的平台，可以使参与其中的学生在实际工作中积累经验，在坚守与传递、学习与奉献中得到发展。但是，实践和认识是不可分割的。从人们在实践、认识、再实践、再认识的循环往复中完善、提升这一方面来看，间接经验的获取也能够强化实践的效用。高校校园媒体作为内容分享的平台，可以立足学生实际生活中的各种问题，贴近生活，贴近实际，进行内容的匹配，增强校园媒体育人的生活质感，强化实践的效用。高校校园媒体平台的内容优化要把自身的直接经验和其他间接经验结合起来，把追问、反问和研究作为常态，满足学生的实际有效需求，互鉴共进，实现科学知识、理想信念向行为习惯的转化。

实践具有现实性、方向性和"强心剂"的作用。高校校园媒体育人要围绕实践展开，在内容优化上坚持互鉴共进的原则，主要从以下三个方面着手。

第一，分享高校校园媒体团队在工作中收获的直接经验。一方面，可以通过背后的故事、优秀案例的展现来鼓足团队本身的干劲，另一方面也可以吸引更多的学子参与到校园媒体这一大家庭中去。

第二，分享校园中社会实践团队、优秀实践个人的经验，引导学生在完成学习任务的同时，走出校门，走向社会，增长本领。

第三，分享学生作品，间接引导学生参与实践锻炼。即使不是校园媒体团队的成员，也可以通过各种活动形式参与到实践中去，去展现自己，提升自己。

在融媒体时代背景下，高校校园媒体育人要做好本身的实践锻炼工作，也要利用各种方式引导学生参与到校内外的实践活动中去。不仅要就现实问题育人，还要根据社会和学生发展的规律，综合利用直接和间接经验，帮助学生认清时代、认清社会、认清自我，做出正确的行为判断和选择。

二、融媒体时代校园媒体资源整合增强育人功能的专业度

"融合是新闻业革命性进化的标志"，融媒体时代下新闻生产的策、采、编、发四大流程发生改变，必须综合协调利用各种资源，才能使信息高效率、高质量地传播。高校校园媒体要达到以最低的成本投入实现最大的效率和效果，必须整合平台、渠道、队伍以及设备这些信息生产、传播的人财物资源，重构校园媒体策采编发网络、再造策采编发流程，激发聚合共振效应，这是高校校园媒体深度融合需要突破的难点，也是高校校园媒体育人功能具有可操作性的必备基础条件。在此基础上才能实现校园媒体育人功能由扁平化向一体化转变，由工具性向价值性转变，克服校园媒体育人功能发挥水平不一的问题，提升专业度，构建校园媒体育人的"新常态"。

（一）整合平台，搭建育人核心阵地

第一，在原有高校校园媒体的工作框架下组建融媒体中心。从宏观上看，当前高校校

园媒体平台种类较为全面；从微观上看，高校校园媒体平台各自为阵，缺乏有效链接，特别在育人功能的发挥上缺乏载体的协调联动。高校实行党委领导下的校长负责制，相对于企业行政性较强，灵活性较弱，应当在符合高校自身发展规律的基础上，借鉴领先传媒集团的融媒体建设组织结构和运行经验，搭建高校校园融媒体平台，在平台深度融合的基础上更高效地发挥校园媒体的育人功能。高校校园融媒体中心主要由决策管理平台、信息采集平台、编辑审核平台、产品发布平台和综合保障平台五大平台构成，各平台职责明确又互为一体，不是单指"新媒体中心"向"融媒体中心"名称上的转变，而是在组织架构、工作运行方式上的根本性转变，概括了原有的传统媒体和新媒体平台，是名副其实引领潮流的融媒体传播平台。在时效度上统一谋划，全天接力，多端发力，梯次发布，循环传播，打出媒体报道的"组合拳"，形成育人的联合矩阵。

第二，形成风格化的校园媒体育人品牌，并宣传推广。高校校园媒体不仅是权威信息发布的宣传平台，还是文化传承的载体、凝聚人心的社区、实践锻炼的基地，育人功能的作用不可忽视。校园媒体育人功能要在几个功能中凸显出来，不仅要在日常宣传、服务信息中渗透育人内容，而且还要单独、清晰设立具有校本特色的融媒体育人品牌。对于高校校园媒体现有的育人品牌栏目，要明确风格定位，扬优去劣，分类整合，避免功能重叠、内容同质而造成的阅读混乱和疲劳，形成具有思想性、学术性、艺术性、活动性的育人品牌。并且适当地进行线上线下的品牌延伸，如吉祥物玩偶、文化衫、手机壳等，在追求"花样"的同时，宣传推广，吸引、凝聚、影响更多的群体，产生聚合效应、示范效应、辐射效应。

第三，将高校校园媒体育人品牌与校园融媒体联系起来。高校融媒体中心是由内宣和外宣统一管理、协调的系统，育人品牌建设是校园媒体育人功能发挥的重要途径。将育人品牌的建设与融媒体中心的运营相结合，能够形成育人的"协同圈"，从而在发挥育人功能时更好地权衡传播的内容、形式、节奏等，针对现实的可能性与必要性进行合理有序的生产，从而使效果最大化。

（二）整合渠道，畅通育人信息链条

高校校园媒体育人功能的发挥需要保证渠道的畅通，具体表现为育人信息搜集渠道、编辑发行渠道和交互传播渠道的畅通。

第一，畅通信息搜集渠道。高校校园师生人数、学科专业、社团活动、交流合作等数量众多，而且不同的人群、领域又有不同的特色，本身拥有复杂多样的育人资源。实际上，高校校园媒体日常选题策划还是会出现盲目、盲从、盲动的现象。在融媒体时代背景下，高校校园媒体育人要畅通信息搜集渠道，最大限度地挖掘具有时新性、显著性、趣味性的育人素材。全体具有高度的责任与义务意识、信息敏感性和快速反应能力，并将记者

团专门采集、网络数据采集、学院通讯员采集和学生线索、稿件提供等直接采集与间接采集相结合，一次采集与多次开发相结合，打通信息采集的"最后一公里"。以"和而不同"的方式畅通信息搜集渠道，促使育人信息被充分、多角度地展现，这是融媒体时代比较理想化的信息采集模式。

第二，畅通编辑发行渠道。传统的信息编辑发行是"分—分"模式，即分别编辑、分别发行，融媒体时代编辑发行是"合—分"模式，先汇集在统一平台上构思、创作直观的、形象的产品，然后由产品分发平台合理布局首发媒体、联动媒体、后发媒体，从而运用多种手段和形式将育人信息全方位、立体式地传播给广大师生。这种先合后分的信息传播模式要想达到预期的效果，不仅要保证编辑审核平台和产品发行平台内部各流程的畅通，也要保证两大平台之间传输、沟通的互联互通，发挥不同媒体的优势，以使育人基本内容和专题内容博得关注，产生潜移默化、深远持久的影响。

第三，畅通交互传播渠道。互动性是融媒体时代的重要体现之一。畅通交互传播渠道一方面是指运营主体与用户的畅通。校园融媒体育人功能的发挥就需要为师生提供便捷的平台联系方式、建议留言和投票等渠道，使育人信息的传播与反馈同步化，给予议程设置等权利，让师生更有归属感和即时感。另一方面，畅通交互传播渠道也指用户与用户之间分享交流的畅通。校园融媒体育人平台通过个人主页的定制、外部互动渠道的链接等方式为所有人平等地提供直接交流的渠道，来促进育人信息的多次传播、社群传播，使育人功能的发挥更加简单、快捷、有力。

（三）整合队伍，配备育人专业人才

高校校园媒体育人功能的发挥不仅需要理论家还需要实干家，不仅需要专职队伍还需要兼职队伍和大量的后备人才。高校校园媒体努力做到"寻觅人才求贤若渴，发现人才如获至宝，举荐人才不拘一格，使用人才各尽其能"，形成高素质的校园媒体育人队伍，让校园媒体育人创造活力竞相迸发。具体可以从以下三方面入手。

第一，加强日常培训学习，提升现有工作队伍的育人理论和专业技能，打造"育人＋媒体"的复合型人才。高校校园媒体工作者要对社会热点事件、学校热点事件等具有一定的敏感性，因为只有足够的敏感性才能捕捉到最值得教育的素材。在日常培训和实践锻炼中，扩大知识储备、提升策采编发技能、强化道德素养、发扬实干精神，克服"本领恐慌"，跟上时代潮流，全面提升履职尽责的业务能力，努力成为适应媒体融合又懂得育人技巧的新型人才。

第二，充分利用高校的综合人才储备优势，建立高端智库。高校本身就是一个人才库，特别是综合型的院校，社科类、理工类、艺术类名师优生资源丰富。高校校园媒体育人涉及内容广泛，应当充分加强各部门、各学院之间的联系，统一建立起融合思想库、知

识库、策略库的高端智库。思想库偏向于马克思主义学院、教育学院、行政管理学院等与政治性、教育性强的学院；知识库应该本着"泛而精"的原则，涉及的学科知识面广与智库高质量人才相统一；策略库主要是指新闻传播学院、管理学院、计算机科学与技术学院等与校园媒体运营直接相关的学院。充分借助"内力"支持校园媒体育人的工作，也丰富其理论的实践效用，达到互利共赢。

第三，运用引进和合作等办法解决紧缺专业人才问题。信息技术日新月异的变革推动着媒体行业发生革新，变革的力度、广度、速度前所未有，高校校园融媒体建设改革的大潮指日可待。高校校园媒体运营的专业人才，尤其是紧缺的技术型人才与现实需求存在脱节，通常需要长年累月的经验积累和钻研，为走在校园媒体改革的前列，高校校园媒体要衡量现实状况与发展规划，适时引进紧缺专业人才，可以直接引进，也可以是顾问或者挂职，让这些拥有创新传播理念的高层次人才充分发挥作用，为高校校园媒体育人的长远健康发展提供强有力的支撑。

（四）整合设备，强化育人技术支撑

高校校园媒体育人功能的发挥需要完备的硬件和软件设备作保障。传统的高校校园媒体都有自己独立的部门，同时也有自己专享的设备，缺乏合理有效的利用，从而造成资源的浪费或者低效利用。融媒体的发展一方面降低了信息采集、传输设备的准入门槛，如手机拍摄、修图功能的强化；另一方面，对高精尖的设备需求更为迫切，如可穿戴设备、无人机等。高校校园媒体应着眼于未来，本着共享原则，对现有设备进行整合，引进新型设备，增强技术支撑。

高校校园媒体育人功能的强化离不开基础的硬件采编设备。传统的设备主要有摄像机、数码相机、录音笔、笔记本电脑等。随着高新技术产业的发展，VR、AR、无人机等新型采编设备层出不穷，这些设备集信息采集、存储和传播等功能于一身，数量与质量的完美融合，为高校校园媒体育人注入了新鲜的活力。然而，这些设备造价高、专业性强，后期维护也需要一定的经费支持，而高校的宣传运营经费有限，不能大量采买，传统的采编设备则存在重复建设的问题。高质量的育人内容与"长枪短炮"的高新技术设备密切相关，所以必须充分利用现有的设备，循序渐进地促进设备的更新换代。

高校校园媒体育人功能的强化离不开软件设备的开发和应用。软件是相对于实体设备而言的，主要指程序系统，可分为系统软件和应用软件，也可以把软件理解为服务。高校校园媒体软件设备的发展主要表现社交软件的功能优化，如小程序的融入、网页的改版。除此之外，还有手机软件和基于本校的操作、管理、服务系统的开发应用，如人脸识别、个人定制等。高校校园媒体要不断适应时代的变化，持续演进并实现各形式之间的连接，使师生能够享受无处不在而又不可见的服务。软件开发技术是高校校园媒体发展的短板，

一般采用购买服务的方式，这就需要选择与领先的技术开发商的合作来实施和落地，并且加快技术的掌握。

第二节　商务＋社交媒体

一、融媒体时代品牌传播分析

（一）品牌传播的概念

关于品牌传播的概念有不同的表述。

从品牌传播手段的角度来看，品牌传播是指品牌所有者以各种传播手段与目标受众进行交流，为品牌资产增值的过程，其传播手段包括广告、人际传播及网络媒体等各种媒介资源，强调品牌传播的手段是其重点，需要充分利用各种媒介资源进行品牌传播。

从企业形象的角度分析，所谓品牌传播，是指以企业为核心，在品牌识别的整体框架下通过广告传播、公共关系、营销推广等手段将企业设计的品牌形象传递给目标消费者，以期获得消费者的认知和认同，并在其心中确定一个企业刻意营造的形象的过程。

从互联网传播角度来讲，品牌传播是品牌所有者以各式各样的传播手段持续地与目标受众进行交流沟通，来提升品牌形象并促进品牌资产增加的过程。互联网时代下的品牌传播就是品牌所有者，线上线下手段兼施，不断扩展目标受众并与之交流沟通，促成品牌形象与资产提升的过程。在这个过程中，互联网充当了增强品牌影响力与传播力的工具。

从品牌传播差异化形象而言，品牌传播是能够使企业与竞争者相区别，能够让顾客感受到差异化，达到品牌差异制胜的目的。品牌传播的重点是通过传播来建立其品牌差异化的形象。

综上所述，品牌传播就是一个说服受众的过程，即传播主体通过媒体传播、口碑传播、销售促进、广告投放等形式各样的传播手段和路径，持续向目标受众传达品牌信息，或是直接交流，或是间接沟通，旨在促进受众对品牌的理解、认可、体验和信任，从而不断扩张品牌内涵，树立品牌形象，最终达到扩大品牌影响力、促进销售的目的。

（二）融媒体时代品牌传播的特点

1. 受众的目标性

品牌传播的研究对象是"受众"并且只能是"受众"。受众是由品牌消费者、品牌关注者和"觅信者"三部分组成。品牌消费者是品牌营销者关注的对象，能直接带动销售；品牌关注者是没有直接消费但是能引发各种有益于品牌的间接行为的人群，他们对品牌进行了二次传播，由潜在消费者转化成为知晓消费者；"觅信者"是指积极主动通过现代技术搜索、了解和分析品牌信息的人群。从传播学的角度来看，由于"品牌"打动了"受众"，因而"受众"产生出对品牌有益的正效应。从某种意义上来说，"消费者"与"受众"容易混淆，但二者又区别明显。所以，在品牌传播过程中，只有目标受众明确，传播才有效果。

2. 媒体的多元化

"媒体即信息"是麦克鲁汉的著名论断，是用来强调"媒体技术"的。在报刊、电视等传统媒体的基础上，以互联网、自媒体为代表的新媒体强势出现，形成了一个多元化的媒体融合格局。

3. 需求的个性化

面对大量同质化的品牌信息，受众不愿意看或者只是匆匆看上一眼，其接收效果十分有限。随着移动互联网技术的发展，"消费从众"时代已经过去，受众的心理需求以及思维意识愈来愈趋于多样化，因而个性化需求表现也越来越强烈，这就要求品牌传播的内容体现出个性化、差异性的特点，也就是说要打破旧的信息内容输出模式，坚持以受众需求为核心，从而传播受众愿意接受的信息，或者是他们实际需要的信息，即为受众"订制"品牌传播内容。

（三）融媒体时代品牌传播的手段

1. 新媒体

新媒体是品牌传播的重要手段，是以计算机信息处理技术为基础，通过网络、移动和数字技术等各种现代传播手段或创新传播渠道而产生的新的媒体形式。品牌传播是在网络技术的支撑下，利用媒体平台实现交互性与即时性、多媒体与超文本、海量性与共享性、个性化与社群化等相结合的传播功能。

2. 广告传播

受众对品牌的了解，往往是通过广告来获得相关信息的，由此可见，广告仍然是品牌传播的中心所在。广告传播要在品牌的名称、标志、定位以及个性等主要内容方面下工夫，通过广告宣传，可以提升品牌知名度、建立正面的品质认知度、为品牌联想提供空间、建立品牌忠诚度和树立品牌个性，充分发挥广告在品牌传播中的重要作用。

3. 销售促进

销售促进是品牌传播的关键因素，即传播主体通过向受众有意地传递或提醒其销售的品牌相关信息的活动。常见的有免费赠送样品、优惠券以及买一赠一、多买多送、抽奖活动等，从而诱发消费欲望，促使产生购买行为。特别是以互联网为平台的网络销售，既能降低企业的销售成本，又能突显产品销售的价格优势，还能缩短产品向受众销售的时间值。

4. 形象代言人

一般来说，形象代言人具有很高的传播价值和传播效应，充分利用权威人士、名人明星或者网红主播来进行品牌代言，能够吸引受众的注意力和关注度，也有利于扩大品牌的知名度和美誉度。同时形象代言人通过展示自身良好的公众形象，能让受众产生鲜明而独特的品牌联想，形成差异化的品牌识别。

5. 大数据平台

伴随着人类日益普及的网络行为，产生了海量的、多样化的信息资产，它通过多元渠道搜集、汇集成了庞大数据组，其强大而快速的存储、分析能力，能为企业获取更多的有价值的信息。因此在品牌传播过程中，利用大数据技术深度挖掘、统计分析的功能，找出受众的消费爱好和购买习惯，为其推送针对性强的、感兴趣的优惠信息，从而实现产品或服务的精准营销。

二、融媒体时代品牌传播策略

在融媒体快速发展的时代背景下，品牌传播的本质就是充分调动各种媒介平台和传播手段，与受众特别是和品牌利益相关的目标受众进行全面交流、沟通，不断优化品牌资产，从而形成系统化、一致性的品牌传播策略。本小节试图从明确品牌定位、强化品牌质量、突出品牌形象等方面入手，利用"社交媒体＋电商平台""直播＋电商平台"营销模式，积极运用"大数据""微传播"等手段，以品牌的社会化传播为案例，分析它的融合发展之路，从而不断拓宽品牌传播渠道，注重受众参与体验，以流量带动销量，以传播力带动销售力，达到全面提升品牌传播效果的目的。

（一）突出品牌整体效应

1. 注重产品质量

品质是品牌传播和产品销售的核心价值，其品质高低与品牌的管理水平密切相关，离不开政府的引导与扶持、企业的规划与管理和科研机构的技术支持与质量监督。

2. 明确品牌定位

定位论的作者在他们的成名著作中写道："在这个传播过度的丛林里，获得大成功的唯一希望是要有选择性，缩小目标，分门别类。简言之，就是'定位'。"换句话说，品牌定位就是将品牌放在一个合适的市场位置给消费者一个有深度和意义的产品。好的品牌定位将品牌的功能与受众的心理需要连接起来，并在受众头脑中创造差异化优势，形成产品和服务的独立特色，并对其品牌留下深刻的印象。基于STP理论即市场细分、目标市场、市场定位的要求，品牌定位就是要向特定的消费对象提供具有优势的产品，选择适合自己的目标市场，充分展示其品牌的核心竞争力，从而传递应该被受众认同的品牌核心价值。

品牌要突出其核心定位，打破人云亦云的品牌定位套路，彰显"符号化"的品牌识别，让受众耳目一新、过目不忘，乐意花钱购买。

3. 突出品牌形象

品牌形象是企业之间竞争较量的一个重要筹码和有力武器，良好的品牌形象不仅能够满足受众的心理需求，而且还能让他们产生强烈的品牌的联想和审美体验。笔者认为品牌形象应从品牌标志、广告语和形象宣传片三方面着力。

（二）做好整合营销传播

整合营销理论强调，要以"消费者为中心"，运用各种传播手段，有效地向受众传达统一的信息。美国学者提出：整合营销传播的核心是使消费者对品牌萌生信任，并且维系这种信任，使其长久存在于消费者心中。[①] 因此，融媒体时代，整合新媒体、广告传播、销售促进、形象代言、大数据平台等品牌传播手段进行有力的信息传播，就显得十分重要。

1. 聚合线上营销方式

（1）"社交媒体＋电商平台"模式。融媒体时代，社交媒体和电商平台得到快速发展。其中，电商平台扩大了品牌的市场容量，使品牌在一定程度上突破了地理空间的限制，获得更广的消费群体。同时，电商平台加快了品牌的反应速率，通过整合供应链上的各个环节，使生产资料能够快速通过生产、分销变成增值产品并通过电商平台的销售渠道送达终端用户手中。同时，这种新型的销售模式，通过社交活动、内容分享等形式让低成本流量变为现实，因而深受广大受众的喜爱。

（2）"直播＋电商平台"模式。这种模式融网络属性和电商属性于一体，给企业带来了新的品牌传播和产品销售机会。电商直播方式不仅能增强受众身临其境的直观感受，还能节约直播成本、降低销售成本。

2. 强化受众参与体验

融媒体时代，传播重心由以媒体为中心转向以受众为中心，不断优化信息传播过程，提升受众获取信息的体验是提高受众参与感的关键。随着市场上企业的日益增多，如何吸引受众注意力，赢得受众对品牌的信任度，除了产品质量和价格优势之外，受众购买产品时的体验也是取得其信任的一个重要因素。也就是说，通过体验式消费，在购买之前，受众和生产者直接进行沟通，建立对产品的初步信任，然后再进行销售，是行之有效的方法。同时，通过在官网等平台上增设对"用户"或"服务对象"的反馈互动专栏，增强传播主体与受众之间的交流与沟通，使二者形成良性互动，互相促进。

---

① 舒咏平，吴希艳.品牌传播策略［M］.北京：北京大学出版社，2007.

3. 着力线下品牌推广

线下推广是融媒体时代品牌传播销售的重要组成部分，就是运用销售促进、名人效应等非媒体广告的传播手段，加强与受众的互动沟通。线下推广方式众多，除了继续做好免费样品、折价赠券、包退包换、现金退回、多买多送、赠品、抽奖等之外，还应在强化情感促销和借力名人效应等方面下工夫。

（1）销售促进。促销活动冠以不同的传播概念，就会给受众带来不一样的传播感受，甚至能让促销活动带有一定色彩，引发与受众的情感共鸣。

（2）名人效应。合理利用名人效应，不仅能够提升产业的附加价值，促进产品的高端供给，而且还能够产生品牌溢价的效果，扩大品牌的信誉度、知名度和美誉度。可见，嫁接名人效应正在成为一种新的商业时尚。

（三）拓宽媒介平台渠道

1. 大数据——为品牌传播精准聚力

大数据最大的优势在于将数据进行收集、处理后产生的强大集合效力，它颠覆了品牌传播的信息技术架构。在整合媒介过程中，驾驭数据的能力已成为衡量品牌适应未来发展趋势的一个重要因素。

（1）满足受众对个性化品牌内容的需求。融媒体时代，"个性化"消费方式盛行，在大数据强大的记录、收集、汇总和分析功能支撑下，用户体验分析等工具应运而生。它们的广泛应用，让精准定位目标满足受众个性化需求变成了现实。根据不同的受众建立不同的信息数据库，对目标受众的兴趣爱好、个人特征、媒介偏好、内容需求进行分析，锁定受众个性化需求，并合理选择媒介传播方式，长期对受众推送"定制化""独享性"的品牌传播信息，最终达到建立品牌忠诚度的目的。同时，还可以通过大数据，预测目标受众的消费走向、建立品牌传播检测平台，随时调整品牌传播策略，掌握市场主动性。

（2）满足受众自主检索查询品牌信息的需求。大数据是融媒体时代品牌传播的重要手段，基于大数据技术支撑，搜索引擎作为一种新的品牌传播手段被开发出来并得到广泛应用。受众从互联网提取各个网站的信息，建立数据库，检索出与用户查询相匹配的数据，让受众能够更便捷、更容易、更精准地了解品牌信息，也为他们对品牌信息进行反馈提供了基础和平台。

（3）满足受众通过手机软件获取信息的需求。融媒体时代，随着移动互联网的盛行，移动手机软件逐渐得到广泛运用，成为一种新颖的品牌传播路径，其目的在于为受众提供个性化的服务。移动手机软件具有互动性强、体验性深、动态现实等特点，吸纳了 LBS、QR、AR 技术成果，易于通过平台传播与分享，传播方式以裂变式演进，给受众带来个性化的用户体验。

2. 微传播

随着移动互联网技术和媒介融合的发展，以媒体为重心的"大"传播方式正在向以受众为主力的"微"传播方式转变。"微传播"多透过"微视角"，通过"微平台"进行传递，以传播碎片信息来实现个性化需求表达、社交需求与认知诉求。

（1）选好微视角，讲好品牌故事。可以利用平台围绕品牌介绍历史起源、传承发展等，深度挖掘一些真实、有趣、富有文化的小故事，把故事讲得有情感、吸引人、有魅力，用小故事折射大历史，吸引受众注意力，引发受众情感上的共鸣。

（2）用好微平台，传播品牌信息。利用微传播，将互联网技术带来的便利最大化地作用于品牌传播。微传播的力量不容小觑，有效的"微传播"已经成为品牌传播的重要推手。

第三节　公益＋社交媒体

一、公益广告

我们国家对公益广告的定义，其中有一条比较权威的解释是："为了解决现实社会当中存在的问题和不良习俗，公益广告制作者通常会以一些简练的广告形式，向社会大众进行善意的规劝和教育，树立良好的社会风气，影响大众舆论并试图用标准去规范现实存在的非良行为，以此来重新维持良好的道德风尚和社会运行秩序，最终促进和谐社会的构建。"[1] 总结前人对公益广告不同的解释，结合最新的实际情况，笔者将重新归纳公益广告的具体含义：公益广告是面向社会大众为了促进社会和谐程度以及继续营造良好的人类社会环境，而选择将有益于社会和个人的道德观念以及行为规范传播出去的非营利性传播行为。

关于公益广告的特点也是十分突出的，首先，从广告主角度来说，不同于普通的商业广告，公益广告的组成主体更为复杂。商业广告背后的广告主通常就是想要刊发广告的企业主，由此对比，更多的公益广告背后的广告主却主要集中在政府部门，当然也不乏一些媒体平台和广告公司的参与，但这样的情况通常比较少见。其次，就两类广告的目标受众来说，也有着非常明显的不同。公益广告的目标受众则会更为广泛。公益广告与商业广告最大的区别在于其所面向的受众不同，前者是全体人民，后者则主要是有具体需求的消费群体，公益广告进行传播的目的是向全社会传播正能量。其二，劝导性强是公益广告的显著特点。由于公益广告是以劝导社会大众为目的，它所追求的真正效果是受众态度和行为

---

① 郭庆光．传播学教程［M］．北京：中国人民大学出版社，1999．

的改变。第四，公益广告具有突出的公益性与服务性，为了促进改良社会风化以及普及社会道德建立与传播。目前我国公益广告涵盖的范围面也比较宽，其分类方式比较丰富。通常来说可以按照以下方式进行划分：①以公益广告的主题及内容作为分类的标准，可分为政治宣传类、公共服务类、社会文明类、社会热点类、自然环境类、救助慈善类等；②以传播媒介的不同加以划分，可分为电视公益广告、网络公益广告、手机公益广告、户外公益广告、报纸公益广告、广播公益广告等；③以广告传播所要达到的目的为标准，可分为改变受众行为和改变受众观念的公益观念型广告。

二、融媒体时代公益广告的策略

（一）新媒体环境下利用传统媒体传播公益广告的策略

时代给予了新媒体大好的发展局面，这让新媒体也逐渐占据现代人的生活。越来越多的人选择使用手机媒体为代表的新媒体，这在很大的程度上分散了一部分受众的注意力，但是即使是在如今的新媒体时代，传统媒体依然以自身独有的特色让其在社会上仍然具备一定的社会影响力。传统媒体有着其他媒体无法相提并论的公信力与号召力，仍然具有非常大的利用空间。公益广告传播应该充分发挥传统媒体的优势作用，发挥带头引导作用，营造良好的社会风气。

1. 传统媒体仍是新媒体环境下公益广告传播的重要媒体

（1）传统媒体具备优势的现实依据

新媒体环境媒体的种类十分庞杂。但是在众多类型的媒体当中，传统媒体以特有的高权威性和高覆盖性，使它仍然是一个非常理想的发布公益广告的媒介之一。首先，传统媒体像电视、报纸和广播，在如今的新环境下，仍然是属于国家掌控的主流媒体，所以长久以来所建立的品牌知名度也具有较高的大众传播度。不论是从覆盖率还是其具备的高权威性和公信力来说，这些突出的优势都是其他媒体无法比拟的。人们普遍认为传统媒体的可信度是高于新媒体的。其次，传统媒体不仅作为公益广告的发布者，在另外一个非常重要的领域，关于广告的制作方面，它也承担着非常大的作用，自始以来，从传统媒体上播出的公益广告，媒体本身就是广告的策划和创作主体。它们不仅需要提供公益广告在该媒体上播出的广告时间段或者版面，还需要承担广告的策划创作部分。关于传统媒体上公益广告的刊播率，国家也有着明确的规定，这就在某一程度上为公益广告事业提供了重要的政策保障。而且这也明示或暗示，传统媒体就是公益广告的主力军。

（2）传统媒体具备优势的理论基础

传统媒体的优势不仅仅在现实方面，在理论方面，美国的广告大师李奥·贝纳曾说："任何一个广告在没有向公众展现之前都没有办法发挥它的传播功能，因此也无法成为意义上的广告。"① 公益广告在广泛的大众传播当中应该遵循大众传播理论。将其作为理论指导，找出最大优势的传播规律，这样才能更好地发挥公益广告的作用。大众传播理论当中，一则非常重要的理论就是社会责任理论。这条理论促使传统媒体一直以来向公众传播公益观念。该理论表明：传统大众媒体有着非常强大的信息传播能力。每一次传播活动都对广大的社会政治经济和文化有着强有力的影响力。因此，大众传播不仅要以身作则，努力发挥自身的作用，还要自觉承担社会的监督。当该理论公布于大众之时，即对当下社会起着非常大的推动反思作用，众多广告界的有识之士开始认为，公益广告向公民传达对社会有益的观念是一个非常有益的活动。所以社会责任理论在一定程度上大大地推动了公益广告的发展。同时，这也为国家社会对传统媒体刊播公益广告进行规范提供了理论基础。

另外，传播理论当中有一条非常重要的议程设置功能也对公益广告的发展起到了非常大的作用。"议程设置功能"理论认为：媒体每天为大众传播的信息内容在无形当中成为社会所想表达的导向价值观。所表达的内容也间接地引导了公众去关注和思考。这样就会出现媒体报道什么，公众就关注什么。媒体支持什么，公众就自然认为那些是正确的内容。所以，公益广告在传统媒体上的播出就会有着先天的优势传播效果。所传播的广告内容会无限作用于收到信息的受众。这样就在某一程度上为公益广告的有效传播提供了无法撼动的现实基础和理论依据。由此看来，传统媒体进行公益广告传播的活动就有着非常重要的必要性和有效性。

2. 充分发挥传统媒体的舆论引导优势进行公益广告传播

在当下新媒体环境中，人们获得信息的渠道日渐多元。但是缺乏管理的信息市场充斥着无益的垃圾信息，众多传播内容的质量无法得到保障。如此一来垃圾信息便会分散人们的注意力，混淆人们的关注点。严重的话很有可能会引导错误的社会观念。因此，传统媒体更加需要发挥在社会当中所具备的舆论引导能力，主动强化对社会公益理念的传播，帮助社会构建正确的价值导向，这样才能促进社会的和谐发展。

（1）进一步强化传统媒体的公益意识

一直以来，传统媒体作为发布公益广告的主力军，它所具备的权威性和公信力使得公益广告的传播有着非常好的传播效果。传统媒体作为公益广告的主要执行者和发布者，要主动提高自己的公益意识，承担更多的社会责任，这样才能推动公益广告的发展进一步得到强化。一个具备广泛受众的传统媒体，衡量它是否具有公益意识，是否具有承担社会责任的积极性，就看其传播公益广告是否有强有力的执行度。因为公益广告在促进国民精神文明建设方面有着非常重要的影响力，所以传统媒体作为发布者就更应该主动承担社会责任，积极承担刊播公益广告的责任，这样才能持续营造良好的社会风气。这在整体上来

① 刘千桂. 广告大逆转——大众媒体与新广告［M］. 北京：清华大学出版社，2009.

整个社会对事件以及公益观念的关注度和感知力。所以传统媒体往往可以结合社会热点事件刊播公益广告，这样的一个方式通常都会给公众留下非常深刻的影响。在这样的一个长期发展过程当中，传统媒体已经形成了一套对重大事件的快速反应，刊播的内容与时机紧紧结合社会热点，可以在第一时间鼓舞人们的士气，激发人们的自尊或者自信心，从而使举国上下团结一心，共同形成强大的精神力量。

因此，传统媒体在借助社会热点事件传播公益广告时应该发挥其独有的议程设置功能，充分发挥其强大的公益引导力量。从而在热点事件中留下深刻的传播效果，使得公益理念在未来也会给予人们不断的力量来源。

（4）选择最适宜的公益广告传播媒体

不同的传统媒体有着不同的媒介特性。像报纸可以直观输出信息且易于保存，但是也会产生信息过多，表现力不够的现象。像电视可以动态展示，感染力强，但是却稍纵即逝，无法让受众加以保存。如今新媒体环境下各种新媒体的优势逐渐凸显，传统媒体在这样的局面下。主力军的地位也被撼动。即便如此，传统媒体所具备的特有媒介属性，仍是其他新媒体无法比拟和超越的，这也成为在媒体竞争如此之激烈的环境下，传统媒体仍然占据重要位置的原因之一。因此在新媒体环境下，如何扬长避短地组合媒体利用，是非常值得思考的一个问题。前人研究发现，"报纸当中的'议程设置'能够显著影响到较长期议题重要程度排序，而电视的'热点化效果'则会更加突出"。[①] 这也给想要传播公益广告的传统媒体提供了新的思路，例如在需长时间开展的系列公益广告深度宣传时，可以倾向于选择报纸媒体；在需要瞬时对热点的公益广告议题进行强调时，可以倾向于选择电视媒体。

（5）创新传统媒体公益广告的传播形式

传统媒体要想在当下复杂的媒体环境中继续引领公益广告的传播力，就必须注重创新自己的传播形式。广大受众在新媒体的刺激下，已经逐渐产生审美疲劳，所以如何抢占到重要的眼球资源，成为媒体重点关注的课题。公益广告因为特有的说服性劝导性使得以往的公益广告可能出现了说教化严重的现象。为了更好地推动传播效果，传统媒体也应该主动转变自己的劝导方式，调整与公众的沟通方式才能更好地将所倡导的公益理念融入节目当中。增强传统媒体的人性化服务，避免传播的公益广告过于生硬，这样才能营造更符合自身媒介特点的传播效果。

当下的商业广告，常常会选择一些软性的广告植入方式，那么借鉴这样的道理，公益广告也可以让公益理念更加软性地植入到电视或者广告广播栏目当中，这样也会让受众更加易于接受，受众也会更加自然的去吸收公益理念。只要传播形式运用得当，收获的效果

---

① 李妍皎．新媒体环境下我国公益广告的发展策略探析［D］．河北大学，2009.

就会翻倍。

（二）新媒体环境下利用新媒体传播公益广告的策略

如今的信息社会高速发展，大众传媒在更迭的科学技术推动之下得以迅猛发展，随着5G技术的逐步完善，新媒体信息技术也随之提升，种类丰富的媒体形式开始层出不穷。当下无论是生活的哪一方面，从资讯到娱乐，从通信到搜索等等，新媒体的涉及几乎已经做到了面面俱到。而且重点是大众对新媒体的依赖也越来越深。新媒体逐渐成了传递信息的核心途径之一。不容置辩的是，新媒体的迅速发展为宏大的广告业提供了非常广阔的发展空间，而公益广告作为一种特殊的广告形式，也需要借助新媒体的力量扩大自身的公益传播范围，增加公益广告传播的新契机。

在当下新媒体环境中，人们开始倾向于接触新媒体而非传统媒体，因此新媒体可以覆盖的受众也在某一程度上超越了传统媒体所覆盖的受众。不仅如此，新媒体相较于传统媒体，有着非常独特的传播优势，比如说可以迅速传播热点内容，可以更加点对点地与受众进行互动传播等。这让受众更加愿意接受如此的信息接收方式。新媒体在发达网络信息技术的保障下，为传播公益广告形成了巨大的便利条件。除此之外，由于新媒体具备受众广、流动性大等特点，所以在传播公益广告的层面上不仅制作和投放的成本会比较低，还能够非常有效地弥补传统媒体刊播公益广告的覆盖不足问题。保证与受众形成更好的互动效果。此外，还可以利用新媒体的大数据技术分析系统，让不同类型的公益广告可以作用于不同的目标受众。这样就可以有效地扩展公益广告的受众覆盖面，而且也可以使得受众更加易于吸收公益广告所传播的公益理念。不得不说新媒体的产生对公益广告的传播所起的推动作用是显而易见的。

1. 网络媒体应做好公益广告的深度传播

互联网时代发展至今已经经历过几轮的更新换代。而现如今作为最先进的媒体形式，网络媒体的影响力依旧是越来越广的。由于它非常特殊的传播特点，致使所能传播的范围和效果远远超过了以往的传统媒体。它所能提供的社会性功能和娱乐性功能已经几乎覆盖了人们生活的方方面面，所以受众会更多地选择使用新媒体。在这样的情况下，人们对接收的信息也不再是像以往传统媒体那样的单向输出，而是可以自主去选择关注哪些信息，找寻自己所感兴趣的内容。这也是网络媒体在传播公益广告上值得去思考的问题，如何将公益广告与新媒体进行更加深度的配合。如何激发受众更主动地去吸收所传播的公益广告内容，这必将成为公益广告在新媒体上传播亟待解决的问题。新媒体也应该积极地去借助当下最新的数字技术，然后结合自身媒介特点，寻找最佳的公益广告传播形式，以增强受众的认可度。

（1）网络公益广告的传播优势

新兴的网络媒体有着传统媒体无可比拟的优势。它所具备的优势无论是从传播的范围、传播的自由度还是传播的效果方面都有非常独特且难以超越的优势。因而越来越多的公益广告更愿意选择在网络新媒体上进行投放。二者相辅相成，互相促进，逐渐扩大传播优势，具体如下：

①具备明显的互动特征，反馈机制及时高效。与以往侧重于单向输出的媒体形式不同的是，新兴网络媒体在传播公益广告时具备着高度的互动性。而受众是否吸收了该广告的内容，或者说对该广告的态度如何，传统媒体是没有办法获取的，而且即使有获取的渠道，也无法及时进行反馈和沟通。但是网络新媒体在刊播公益广告的时候，就能够与受众形成良好的互动机制。受众可以选择性吸收自己更愿意去接纳的公益广告内容，而且对于自己有想表达的问题和建议也可以及时地进行评论或者留言。与此同时网络新媒体的管理者或公益广告的发布者还能对此进行回复，这样就形成了一个直接的沟通平台。

②受众对广告的有效吸收和拓展。互联网络的普及已经成为时代趋势，而众多网民对新媒体上传播的公益广告有着较长的吸收能力和反馈能力，也逐渐在这样的一个传播体系当中担任着更重要的接收者角色。他们不再像传统媒体时代受众的单向封闭，而是具备了更强的互动属性。同时可能产生的意见领袖会在二次传播当中发挥更重要的作用。因此，公益广告针对在新媒体上的发布能够进行更加有效的传播。伴随互联网技术和网络信息技术的日益完善，加上网络覆盖面的逐年扩大公益广告的传播接收率将会提高更多。所以在这样一方面来说，不断更新进步的新媒体受众将有着更高的传播价值。

③传播成本较低。以往传统媒体上发布公益广告常常会遇到一些资金上的问题，而且也会出现一些制作的瓶颈。但是，如今的网络媒体却有效地避免了这样的问题。由于新媒体产品具备技术难度小、灵活性强等特点，所以对公益广告的制作和传播的成本较传统传播形式相比，具备较大竞争优势。除此之外，受众有时候也会成为一个主动的传播者。他们会自主地进行免费的公益广告传播，虽然影响力较小，但是如果互动传播表现较好的话，也能够在局部范围内形成影响。另外，公益广告在新媒体上进行投放的成本也相对较小。因为不受时空限制，因为有着较高的储存性，所以也可以在任意时间段进行投放。

④传播形式多样。网络媒体上的公益广告运用了最新的多媒体技术，不仅能够将传统媒体上所特有的独特优势进行转化，而且还可以将自身的优势进行放大化。比如它可以将传统的电视媒体上所传播的视频广告内容进行网络投放，也可以将传统的纸质媒体传播的广告内容进行文字投放。这样就极大地综合了各类媒体的传播优势，从而增强了极高的传播效果。另外，网络新媒体有着独特的传播形式，是传统媒体无法比拟的，比如利用一些互动的游戏，一些竞猜问答等等，公益广告可以在这些方式当中穿插输出，这是传统媒体

很难做到的一点。另外，网络上的公益广告传播还可以进行互相的多次传递，因为每一个人都可能成为信息的一个转达者，这样公益广告在新媒体上的传播效果就会越来越好。

（2）开发多样化的网络公益广告形式

多媒体技术的迅速发展，使公益广告在新媒体上的传播也可以借助一些其他新颖内容的传播方式。开发特色的公益广告软件。还有一些类似于包含在游戏或者社交平台里的开屏公益广告内容。在这里可以简单地举出以下几种广告形式：

①开发特色的公益广告软件。关于公益广告的网站和相关平台在目前市面上会比较常见，但是特有的手机软件可以说是非常少见的。大多数受众可能也只是偶尔在其他平台上看到一些关于公益广告的穿插内容，所以如果开发一个特定的公益广告软件，然后开辟一些手机软件的特色功能，比如说公益广告的主题有奖征集，优秀作品展览以及公优秀公益广告的投放，等等。这样的设置不仅可以拓宽公益广告的宣传渠道，也可以形成一个公益广告与广大受众的对接点，从而延续了公益广告的生命周期，强化了它的传播效果。

②利用多个热门网站或者热门手机软件，进行公益广告的定点投放。比如说青少年经常使用的游戏平台在上面会有特定的青少年模式，这也在某种程度上加强了市场监管，从而丰富了公益劝导的方式。另外一些游戏平台的开屏页面上也会建议青少年合理使用，不要过度沉溺，这些以定点投放方式得以传播的公益广告具备明显的针对特点，所以依据受众需求制定相应的公益广告内容的传输才会使公益广告的内容更有传播力。

（3）紧扣热点事件的时效性特征

如今，网络海洋充斥着各种各样的内容，且都极具时效性。但是眼球经济时代，受众的注意力被分散，他们对过去的内容也会慢慢淡忘，所以公益广告在网络媒体上投放的最佳方式需要把握网络时效性的这一大特征。选取当下的社会热点事件，而且针对热点话题可以延伸出很多相关的公益广告题材，这必然是极大地提高了公益广告的传播效果。如果依托当前发生的热点事件制定相关内容的公益广告形式，不仅可以高效体现出规劝及引导效果，还能使相应的公益观念得以及时普及。

（4）灵活运用表现手法

如今，网络空间的运用和开发已经将人类社会所涉及的生活方式进行了充分的融合。在这样的一个网络环境下，受众可以更直接地与传授双方进行对话，受众也会有更加开放和包容的媒体接触心态。所以，在这样的一个环境下投放的公益广告一定要把握好与受众之间的身份关系。尽量避免使用单纯的说教意味的观点性输出，采用灵活多变的表现方式来营造出广告传播与受众之间平等互动的氛围尤为关键。

2. 提高受众参与意识，促进传受身份转变

在当今信息发展瞬息万变的背景下，社会网络文化也变得越来越多元，受众群体变得

越来越多样化。因此在网络媒体上投放公益广告也应该同时对受众偏好变化情况加以关注。应在对特定的网络群体做好市场调查的前提下来制定公益广告策略和传播方式。这样不仅可以在一定程度上大大提高公益广告的传播效率，也可以保证后续公益广告传播的内容更能够紧贴社会热点和特有的民生问题。

经过调研之后，网络公益广告主题要以受众为中心开展制作。我们可以先把调研得出的受众特征结合公益广告的传播重点以及表现手法进行一个不同类型的划分，针对不同的受众群体安排差异化的传播策略。这样所制作完成的公益广告才是真正能够被受众所接受且能够达到较好的传播效果的。公益广告从制作到发布整个过程来看，只有得到更多受众的认可和接受，才能更好地将公益理念进行传播，从而发挥出公益广告的教育和劝导效果，营造良好的社会风气。

第四章　融媒体时代的传播系统及运行机制

第一节　融媒体的传播系统

一、广电媒体融合发展现状

（一）机构融合：机构重组

政治体制改革是当今社会政治和经济改革措施的内容之一。改革开放以来，我国已进行了八次体制改革，其实质是对国家政府体制和管理体制，日常管理模式和管理运行机制进行调整，破解行政管理实践矛盾，适应党的执政方略的需要。深化文化体制改革，健全政府机构职能体系，加快政府职能转变，达到系统完备、科学规范、高效运行的制度建设目标。政府文化管理体制的变迁轨迹，主要体现在政府文化类管理机构及其所承载的职能变迁，由于专业分工的不同塑造了中央政府文化管理体制的内部权力分工格局。

（二）职能融合：集团化发展

集团化是产业集中的结果，是政府基于国家产业发展和信息安全的重要选择。随着媒介融合以及跨地区媒介资源重组进程的不断深化，媒介集团建立在媒介产业化发展的基础上，媒介机构日益表现出联合的趋势，媒介组织的竞争整合发展到一定阶段后出现更加先进的组织形式，媒介集团应运而生。广播电视行业的集团化是自身发展的内在要求，广电集团化改革的方向是传媒机构整合社会相关优质资源，完善产业结构，寻求规模效应和联动效应，提升全要素生产率，实现社会效益和经济效益的最佳优化路径。从传统媒体的恢复与发展到新媒体的诞生，从多元化经营到集团化发展，到融资上市的媒体实践，中国传媒产业从无到有并成为国家战略性产业的重要组成部分，产业融合趋势下的中国传媒业成为文化产业的核心构成，其产业意义和地位进一步确立，形成了独特的中国传媒混合型体制。混合型体制正是我国媒介制度变迁路径依赖和锁定轨迹的集中体现。

政府行为和选择主导产业发展，在制度安排进行系列变革，从产权结构、运作规则到机构内部人员设置等宏观、中观和微观的媒介制度体系的确立，打破原有组织结构，通过科学设置和资源再整合，构建系统完整、规范科学、运行高效、适应集团化发展新的组织体系。通过广播电视市场体系的建立，优化广播电视生产结构，加快深化内部运营机制改革，广播电视的组织结构、职责、经办权、所有权都在不断发生变化。

（三）平台融合：融媒体中心建设

1. 省级平台

平台化渗透现代社会各部门，媒体融合与可管可控的公共平台建设，反向驱动传媒机构转型。遵循产业规律，打破传媒领域产事分界，构建符合自身发展的产业价值链，纳入了现代传媒集团化的中心环节。广播电视台在日常实体运作中不断探索与广电体制机制相适应的新路径，实现管理模式的全面升级和生产流程的重构，从内部组织架构的设置到管理机制的完善，到管理模式的重构，再到人员的配置，全部进行了颠覆性的改造，从实际层面加速了广电媒体融合生态的步伐。打破频道频率制转向中心制，改变了以往传统媒体孤立的运作模式，实现错位发展、协同增效的一体化组织指挥目标，稳定存量、做大增量，对台内传统媒体资源和新媒体资源重新规划配置，集约调度和利用媒体资源，提升运营管理效率。推动媒体内部要素资源结构优化，打通技术、业务、平台、市场等方面的观念性、制度性壁垒，按照全新融媒体生产流程，成立融媒体新闻中心、视听中心、国际传播中心、技术中心、发展管理部、全媒体财经中心等机构。在生产组织方式上，成立四十余个融媒体工作室，改进业务组织形式和团队管理方式，促进内部人力要素优化配置，在人事、用工、薪酬管理等方面为工作室赋予较大自主权。

2. 市级融媒体中心

市级融媒体中心在全媒体传播体系、舆论环境乃至整体政治格局中具有重要地位。依托省级媒体的技术平台优势，对媒体结构进行重塑，采取省级统筹、市域联动的模式，全省众多个地市级媒体机构具备对上与省级平台、对下与本市区域内的县级融媒体中心连接的结构与功能。发挥处在"十字路口"的区位优势，培育腰部中间力量，选择性布点，先试先行舆论场区位，拥有丰富优质资源的市级媒体。通过改革优胜劣汰，做减法盘活存量，确保战略创新、功能定位、机制创新落实，因地制宜探索立足本土的融媒模式。缩减地市级媒体低效、同质化产能，通过资源的市内最优配置，合纵连横地市形态的媒体阵地，打通潜在的信息孤岛。在不同地区主流媒体的差异化竞争定位中，进行具体的改革分类，突破人才、技术等方面的局限，"广电＋报业"模式应用较为普遍。整合广电、报刊等多种形态媒体资源，物理空间以及软硬件移动式传播矩阵模式的构建，以支持内容策划、采集、编辑和分发。构建内容运营闭环，规范引导各环节工作流程，提高融媒体业务管理和运营效率。相比县级媒体，地市级媒体具备一定的专业优势，充分发挥地市级媒体的自然优势，在内容生产和传播过程中的可支配空间大，投入建设丰富多样的工作室，并集中精力开发高质量的融合新闻产品。

3. 县级融媒体中心

县级媒体作为一种基层媒体形态，在基层大力宣传、积极的舆论引导，助力公共决策，参与基层社会治理。党管媒体的定位，决定了媒体应服从当地党委和政府的整体工作，为当地的经济和社会发展服务，为当地人民的生产生活提供指导和帮助。多年来县级媒体具备深耕优势与集成资源的能力，以自身的品牌、本土化和特色文化为基础，延伸媒体的工具属性，促进媒体资源和社会、商业、生活等外部资源的链接。

为指导全国县级融媒体中心建设，为基础层面、关键环节提供支撑，以国家标准形成对县级融媒体中心的概念共识，体现系列标准的一致性和完整性，为县级融媒体中心的规范化建设提供依据性标准。

第一，突出移动优先的战略思想，充分体现"媒体＋"的理念，立足宣传要求，落实党对媒体的管理，更好地引导群众、服务基层。

第二，紧密联系相关行业的标准，推动建设目标的聚焦，规范标准具有典型的融媒体特征，架起技术标准和工程标准的桥梁，以避免成为规范的"孤岛"。

第三，系统的内外接口清晰，主流媒体入驻平台，并可以纵横相通。在系统框架下建立可扩展的接口，并为指令性业务或者其他业务提供全面的前提条件，实现政务和公共服务等系统平台顺畅接入。

二、广电媒体融合发展存在的问题

（一）各级媒体自身能力差

随着媒体融合的深入，传统媒体的转型受到以体制机制为代表等深层次问题的严重阻碍，媒体的生产能力受到了严重制约，以致影响着主流媒体影响力的建设，这些根深蒂固的问题已经到了必须解决的时候。有的集团产业缺乏经营平台和企业机制，并没有带来市场交易内部化、交易成本降低的预期收入，产业发展、资产增值面临阻滞，仅靠外部媒体形态的变化很难完成转型升级。

传统媒体内部的结构性矛盾使得广告份额呈现缩减趋势，导致市场业务的不足，呈现"断崖式"下滑，收视率持续下跌。随着产业化进程的不断衍进，有线网络的剥离，自主经营、自负盈亏的经营业务因内部运作外部化而步入困境的危机，网络资源生存空间愈发狭窄。

受国家政策的驱动和指挥，全省地方基层媒体纷纷开发本地新媒体平台，一窝蜂建设，长期规划不足，同质化的转型模式，缺少市场机制的浸润，市场灵敏度不足。部分地区以尽早挂牌完成政绩为目的，不注重用户端的需求回应，导致融媒体建设流于形式。随着技术平台后期的不断运行会呈现出个性化程度不高，部分政务服务功能客户端定位模糊。

局部业务层面的耦合，使新媒体仍然处于点缀和从属角色，缺乏数据化和智能化的新闻产品生产能力。新媒体广告投放方式简单机械、植入生硬，极少有品牌广告投放，尚未形成成熟的产品体系，仅仅作为传统媒体内容的搬运工，拷贝式融合方式，只是将海量内容资源的节目简单复制到新的网络媒体平台，并且缺乏高质量的精品内容，对品牌影响力的淡化以及内容同质性仍然存在。互联网给传统广播电视的生态带来改变，观众大量流向移动视频社交媒体，内容和政策资源上的限制，面临受众流失的困局，很难实现价值变现，导致融媒体中心在运行中遇到很大阻力，与实际成效存在较大差距。尽管大多数融媒体中心在传播效果方面取得了一定的成就，采用"新闻＋政务＋服务"的商业模式和盈利模式再造，但电商引流、增值服务产品开发稀少，离用户重建仍有很长的路。

（二）各级媒体协同机制不健全

全国文化体制的改革，考虑全国机构整改规划，实现基层战略的三级衔接和基层资源的纵向整合，畅通上下级管理体制。省市县不同层级间"条块分割"，媒体利益分配的问题，普遍存在臃肿的机构组织，僵化的模式和低效率，因体制建立、内部整合、机制改革等问题，资源配置的领域和空间受到限制，造成运行成本增加。改革前不管是公益一类还是公益二类事业单位，仍是"吃大锅饭"的体制机制，组织人员整体的活力难以激发出来，围绕县委交办的宣传任务，工作积极性不足，消极被动等待领导安排任务。诸如用人改革中的编制、福利待遇，机制、人才老大难问题；时政新闻、公益宣传保留事业编制，功能失调、灵活度不高、机制不顺畅的问题。为完成进度而完成任务，将原有机构翻牌挂牌，合并后的新机构里，人员超额、部门冗余，机构合、人心不合，平台合、机制不合，整合不融合。广电媒体之间、传统媒体与新媒体之间缺乏包容与沟通，对协同效率、信息交流、员工心态产生负面效应，内部文化冲突影响媒体融合一体化进程。制度层面的内在管理运行机制无法改善，无法走出体制依赖的惯性，很难参与新一轮媒体改革。如何发展各级媒体和统筹协调关系，完成政策意图和在地化的具体实践，实现国家整体传播战略的基层落地，是摆在全省地方党委政府和县级融媒体中心面前一项全新的任务。

（三）"三网融合"的体制藩篱

媒体融合以及媒介体制改革实践正在使传媒业成为一个快速变化、高速发展的行业。回顾我国广电行业开启数字化进程以来的发展历程，虽然历经 10 多年的数字化改造，但是网络规模小、应用化程度和产业链规模不高，可以支持双向服务并具有宽带服务功能的网络仍然有待提高。在移动互联网和各大运营商的冲击下，广电数字化战略受阻，缺乏参与市场竞争的热情，有线电视网络市场份额大幅度下滑，市场主体、运作模式尚未形成。

观念、标准仅仅停留在运作机制层面，产业结构、市场机制有待完善；缺乏在政策方面的标准化管理，以及可以遵循或参考的解决方案，在实践中牵引力远远不够；如何落实对相关媒介机构的税收和财政支持政策，这些问题都需要相关政策的进一步明确。对于三网融合的真正实践来说，如何突破行业壁垒和多重监管，实现全国有线电视网络互联互通，如何划归融合性新业务的管辖权限，如何避免各自为战、相互掣肘，以及融合过程中所产生的困顿、融合方向、合作模式和盈利模式还需在实践中探索。

三、广电媒体融合发展的变革路径

(一) 建构合理的监管体制

1. 调整监管机构的权责关系

媒体融合的核心内容是明确政府部门的结构和职能，引导和监督整合监管模式、权限设置，政府机构条块关系的规范化，合理设置政府间关系和不同领域的监管重点，消除监管矛盾和盲点、行业壁垒，在共同制定规则时需要就权力划分和行业边界提供明确的规定和保证，明确各类事务执行监督主体。政府机构在不同向度的设置，需要打破部门壁垒、整合资源，构建更加适应媒体融合发展实际的管理架构，通过机构重组的方式进一步整合国家广电总局、国家网信办和文化部以及工信部的监管部门，整合网络新闻信息、文化娱乐以及电信部门的监管职能。打破电信业和广电业的行业边界藩篱，整合部门分散监管的事实，破解广播电视产业监管与市场之间的僵局，彻底消除或修改不适当的制度，实现对不同类型、不同形式的媒体行业及其密切相关的通信行业的横向分层监管。

调整后的监管机构将通过权责调整、部门分工整合、设立新机构等方式，对广播电视、电信和互联网等行业进行整合，实行统一监管，减少垄断和行业壁垒，规范市场行为，并在整合传播的基础上构建传媒产业链和价值链。按照传统产业分类的模式，国家广播电视总局负责内容生产、内容整合，工信部负责信息传递、信息增值、终端设备制造。工信部的加入成为我国媒体融合过程中政府部门"合作监管"模式的一次重要探索。

目前，政府部门主要关注的是意识形态安全与文化产业发展的矛盾，国家对新兴媒体的监督管理持续加大力度，建立相关管理机制，为媒体融合监管提供制度保障。规制不是为了限制，而是为了其有序地发展。政府规制的目标不仅要强调法律法规的作用，更重要的是通过"党管媒体"的治理逻辑，改革与创新媒体管理模式，规范网络原声内容符合新闻宣传的秩序要求，将横向网络传播控制在一定范围内，确保官方意识形态的主导地位。机构改革后，广播电视局肩负着更加重要的职责，更加注重阵地建设和行业管理，加强对内部机构的监管和整合，加强和优化职能，通过规范机构、规范行政事务、规范运营管理，集中各种资源和力量，引导和监督广播电视事业发展。明确监管责权分配，完善广播电视和网络视听节目内容审核管理机制和舆论治理机制，建立风险预评估机制，完善媒体管理正负面清单以及媒体执照红黄牌制度，优化行业生态。创新组织保障和政策措施，从机构职能设置上理顺媒体融合发展管理关系，设立负责媒体融合发展工作的业务部门，加大媒体融合推进力度。

对于广播、电视和互联网等媒体来说，都有自己的网络战略和系列标准。这些具体标准是各行业多年实践经验的最终结果，作为融合媒体平台的基本规则，它们需要能够有效地连接在一起，不必与相关方面进一步完善的标准体系相冲突。基础设施是产业发展的基础，构建合理的制度体系，完善对不同行业的监管，使用合理的界面划分，保持明确的职责和稳定的操作运行规范，并确保标准化平台完全开放且具有代表性，采用高效的运营支撑系统和数据互通确保同等的保障能力，实现不同机构间的合作，真正发挥凝聚行业共识、消除竞争壁垒的作用，以开放的心态共同部署一张网。

2. 建立健全融合监管法规

（1）法律法规为媒体融合提供坚实保障

在融合的背景下，加快隐私权保护法、公共信息服务保护法、广播电视传播保护法的立法工作，清理或修订相关政策法规，制定与信息生产、传播和传输有关的重要实体法，建立传媒行业秩序，规范市场行为，实现公共服务均等化，为广播电视、电信双向接入提供法律保障。围绕三网融合发展的需要，本着"急用先行、基础先立"的原则，加快网络、业务和信息服务标准的发展，满足三网融合的要求，制定网络信息安全和文化安全的相关标准规范文件，形成融合一体的标准体系，涵盖国家、行业和企业三个层面。

一是在时间轴上的双向延展。任何基础设施的代际革命，网络平台已经渗透进现有的社会运作，信息网络必须依赖互联网工业的成果，即各类软件和硬件，传统的监管模式往往将力量集中于运行之中的监测，而对工业成果的先天性缺陷缺少有效的约束机制。

二是在基础层面的深度发掘。互联网的去中心化使互联网各个节点必须按照约定的原则并在规定的权限范围内进行互联互通，具体体现在信息和数据的收集和存储、挖掘和处理、综合分析、保护和利用。基于区块链的数据安全性被规范和推广应用，区块链信息服务规范的实施，规避了信息服务安全风险。

三是在参与主体的全面监管。互联网时代除政府、企业外，需要融入更多组织和个人，承担各自的安全责任，加强安全风险管理，参与网络安全生态构建。云计算的广泛应用增强了党政部门安全使用云计算的信心，提高政府资源利用率和为民服务的效率。云审查引导企业落实安全标准，提升安全服务能力，直接影响着网络安全产业链的结构和价值分配机制，云计算的安全治理体现了安全和发展的协调统一。

（2）数据安全风险增强，监管注重用户合法权益保护

政府在充分发挥个人信息保护的作用方面，需要社会主体发挥积极有效的作用，需要

地方政府和数据行业者进行分工与合作，建立共享共治的安全治理观。针对算法进行的立法应当使实现社会整体安全与个人权利保护之间综合平衡，做到既能规范算法和大数据的滥用，同时提供个人信息和数据权利的法律保护，广泛传播正确的价值观，保护用户安全隐私，也为智能推荐技术的不断发展和由此带动的新闻信息产业留下了足够的空间。制定统一的个人信息保护法，弥补法律文本与隐私保护的鸿沟，明确信息收集与利用者的行为边界与责任。

3. 政策的延续完善和制度设定

政府部门正在积极建立媒体融合绩效考核机制，由省委宣传部联合当地高校科研机构组成的管理指导小组，定期组织开展专项督查工作，反馈督查意见和整改建议。作为政策杠杆，政府部门通过检查合规促进效率，为媒体的价值变现提供依据，促进资源科学配置。对县级融媒体建设的建设资源、实力和周期的合规性、目标导向、效果反馈、竞争激励进行监督，也可以作为一种外部力量，鼓励地方党委、政府开展相应行动，实现县域治理意识形态建设的功能预设。信息时代的发展使我们进入了一个新的媒介时代，媒体的生存和后续发展、政策的选择需要保证政策价值取向和目标的连续性，需要不断补充和完善行业政策，以充分发挥在不同阶段和情况下的指导和塑造能力。

第一，加强战略部署与统筹协调。广播电视行政部门负责总体指导，制定实施意见，确定总体目标和要求。建立有效运行机制和组织领导机制上下联动的模式。在组织管理、机构设置、人员配置、财政资金等方面提供强有力的支持。广播电视台应当确立重点项目，统筹经费使用与内部管理协调，负责项目的建设、运营和管理，定期反映工作进展、成果和存在的问题。

第二，完善扶持政策。组织编制促进媒体融合发展规划，从法律法规、行业准入、内容建设支持和行业秩序规范加强顶层设计。突出培育和储备行业重点项目，并将其纳入政府年度预算。适当优先发展促进产业链整体发展的重大交流平台和重点项目，列入国家或省级重大社科项目。加强资金渠道的整合协调，规范金融资金和社会资金的引进。将融媒体中心作为公共信息平台，积极争取地方政府开放更多有价值的数据，加快融媒体中心与党政部门现有技术平台和服务资源之间的联系。

第三，抓好政策延续和措施落实。积极盘活存量资源，拓展和延伸广电产业链，探索区域性和平台性媒体合作。完善媒体融合技术组织形态，推进产学研相结合。科学合理地开发利用社会公共领域各类优质信息资源，助推绿色健康新业态产品，实现基层创新。在红线内保留适当容错的可能性，根据当地县域经济社会发展现状，在当前融媒体中心的建设和运营中主动出击，对不同试水程度的边界进行建设尝试和自主探索。

三网融合是我国媒体融合的重点，也是媒体体制改革的难点。广电 5G 网络对标的不只是与三大电信运营商的竞争，而且是在工业互联网时代顺应全国一网整合大势，顺利融入全国一网格局，推动广电行业内部体制改革。资源整合与台网合一，平台型实力媒体已纳入行业转型升级的既定目标。借助省域网络整合扩张之际，广电网络和其他网络的共享共建，获得顶层设计下的地方配套措施，细化和具体化原有粗线条的制度安排，加强对良好政策执行环境的建构，夯实纵向协调与横向合作的制度基础，打造有利于提升竞争力的现代企业制度。

（二）建构完备的市场体制

1. 合理的资源配置方式和发展模式

破解事业性管理体制和传媒产业发展规律之间的矛盾，打破旧有的组织结构、管理方式和经营模式，做好省级传媒集团的产业化、市场化改革。媒体融合的本质是产业融合，组织架构力量引入产业化集团，以国有资产投资人的身份参与文化产业转型升级、产业管理变革，由"集团化"向"产业化"转型。以国有资产增值为目标，将国有资本与市场机制协调起来，形成"事业支撑产业、产业带出事业"的长效发展，既为地方政府服务，同时重塑市场主体地位。媒体融合的版图不仅涵盖了省级传媒集团，而且向下延伸到了县级基层单位，从体制依赖的形式变革转向培育核心竞争力，依托中心城市对其腹地进行各种资源的集聚和扩散，提高媒体的运作效率和质量，形成融合环境下的企业竞争力。打破思维惯性和制度约束，依托现有的政策福利，整合制播产业链的环节衔接与功能分工，完成全媒体业务体系的建构，科学配置和规范运作。

尊重市场规律，借力市场产业化运作注入活力，规范监审机制，解决融入深水区的障碍。注重创新生产和相关的合作机制，以内容服务和传播服务为基本逻辑。立足于文化体制改革的成果，促进政府从社会力量中购买公共服务，培育产业市场，按照市场机制参与广播电视公共服务的提供，让基层主体有更大的活力。在商业媒体如此发达的当下，县级融媒体中心不可替代的竞争力正在于它通过党委政府对执政资源的注入创造了一个用户要享受各种服务就必须接入的客观需求，主动创新政治沟通方式，提升既有的产品和服务价值，以更优质的公共服务来实现社会治理。县级新闻宣传工作的一个指向，在互联网这个"主阵地"吸引最广泛的县域群众，并增强用户黏性。通过县级融媒体中心面向基层群众需求，发挥区位优势，提高服务质量，有效地重新连接用户，广泛收集和有效利用各种本地资源，渗透应用程序，并收集各种通过垂直市场提供一站式综合服务端口，增加用户和本地媒体的关系黏连。

横向资源整合与调适，选择存量优先为取向的资源配置策略，优先完成提档升级，再考虑能在多大程度上接入县域范围内的其他服务资源，合理配置资源对传统媒体效能的发挥能起到事半功倍的效果，"存量优先"成为理性选择新制度进行效果检验和风险评估的必要步骤，从增加技术研发投入、发挥品牌倍增效应等维度发力。目前融媒体中心的建设方案力求尽善尽美，做好至少一段时间内明显改善县级媒体融合成效或者妥善解决相应的问题，同时以增量发展为基础，建立在大量基层试点，积累改革条件，满足基层的切实需求。当下的建设方案首先以县域未来三到五年的治理课题为依据，及时淘汰不适应的措施，缩短制度供给周期，并在技术、产品和人力上保证足够的扩展性，以便在新的治理课题或手段出现时可以及时调整。

2. 构建科学完善的考核评估制度

评估体系是指挥棒，新的评价机制改变了传统局限于内部评价的做法，指挥和引导媒体融合向着正确的方向发展。

首先应采取以用户为导向的策略，强化受众联黏性，提升用户体验，强化地方群众社会生活、文化生活和产业发展等方面的服务功能。通过用户调查与分析，了解当地群众的主要诉求，给用户参与创作和反馈意见的渠道，量身定制服务和沟通策略，精准回应公共服务需求，实现公共价值的再生产。

其次推动政务信息化建设，按照"媒体＋"要求，搭建高质量的政务互动平台，作为县级政府的官方宣传平台，利用政府服务信息的整合和政务服务平台的开放，主动做好连接政府与群众的桥梁，承担主流媒体责任。针对部分客户端功能定位模糊，模块内容混杂，与用户黏性不强，为适应当前需求和最新趋势，重组既有产能，强化服务功能，明确客户端功能定位，以"去除劣势、强化优势"的逻辑对客户端缺少特色、使用率不高的模块适当删减压缩，对要素的功能进行重新分类，形成具有明确定位，互补功能，特色鲜明和规范标准的媒体矩阵。

最后将文化服务、信息服务转化为媒体运营资源，凭借两者所集聚的用户资源进行新闻宣传，巩固融媒体中心的竞争优势。在具体推进的同时，分别制定事业和产业两个不同层面的考核办法。在新闻宣传方面，以社会影响力为导向的考核办法，实行新闻作品的质量和数量并重。在产业经营方面，以省或市为单位整合域内相关资源，实行区域互动"联制联播"，以提升综合效益为主要目标，兼顾传播效果和经济效益，同时考虑引入经营指标，包括商业模式的顺畅、传播能力和传播效力的提升、平台品牌的市场影响力、新旧媒体矩阵和梯队、网络行为和心理数据等因素，打造域内治理产品。

媒体融合是市场竞争中的创新管理和协作协助，是媒体内部各部门的共赢。重新分配资源的实质是突破固有建制带来的壁垒和分化，迅速合作，提升组织协调效率，增强活力，全面展示媒体、部门和员工之间的热情并最终实现组织赋能。适应媒体融合时代的客观环境需求，调整媒体机构内部组织结构，建立统一尺度的宏观管理体系，按照责权利再分配、更有效的原则进行人员功能的重构，优化管理手段，完善管理流程，正确引导员工提高职业能力。

3. 信息生产和传播机制的重构

互联网平台重塑了传统媒体运作和编辑流程模式，实现了跨媒体平台的自由流动，促成新闻内容生产与传播机制的重新建构，并参与制度层面的新框架。加快融合运行机制建设，把握新闻传播内在规律，重构业务流程，优化生产、管理、分发工作机制。建立新闻协作联动机制，以融合性业务为核心，强化广播、电视、新媒体客户端在选题策划、传播创新的一体统筹，共享新闻资源。融媒实验室要充分利用社会上的一切资源优势，向高校借智、向社会借力、向内部借趣，多方合作，实现多元化和社会化的合作。推进频道专业化建设，整合资源优势，优化频道结构，对电视频道和广播频率功能定位受众进行全方位梳理，进一步理顺采编播存传用等业务链条，适时关停受众面积小、经营难度大的频道频率，努力提高集约化水平，实现生产力向更高层次的再释放。突出内容建设增长点，加强精品内容供给，通过节目形式、传播方式和表达方式的创新，扩大媒体的舆论影响力，实现融媒内各平台相通，内容相融，开发有创意有特色的融媒体新产品，提升融媒体内容生产能力和运营能力。

媒体的目的是提供更好的服务，各种潜在信息的定向需求因素积极推动着融媒体中心的建设，凸显融媒体中心的专业优势，特别是挖掘酝酿中的舆情或者设计相应治理方案回应群众诉求，扩大官方话语的解释能力。从实践的角度出发，注重"功能"向"功能＋受众"双轮驱动的方向发展，媒体在关注新闻信息的收集和发布的同时，对现有用户各类信息的收集和综合分析，建立对用户信息内容的及时反馈处理机制。构建以数据为基础性资源，用主流价值观算法驱动的全新业务流程，形成整体结构化数据差异化生产，满足个性化信息需求，提供精准化视听内容。县级媒体相较于资源丰富的省级媒体，更需要集中统一管理有限的资源，利用差异化发展策略的关键，采取局部先行试点，优先完成对新闻传播资源的提档升级。作为一个治理主体，促进治理效能转化，对各类新闻事件的反应更加迅速，在内容资源的提供上不断满足用户的要求，在视听栏目的建设上充分调动社会民众积极参与，集中大众的智慧和创意。

（三）建构协同的社会自治体制

1. 公民媒介素养的提升

移动互联网时代不仅为传统的行政工作提供了便利，同时为我国政府的形象建构和传播策略做出相应调整。新媒体的崛起，包括政务媒体和个人自媒体，使渠道匮乏的县级媒体发生改变，连接国家与社会治理的纽带，增大主客体间的互动性，成为县级舆论格局的最大变量。这些不断变化的媒体结构，是对网络群众工作的实践，回应社会共识，充当起社会利益关系的协调器，促进社会良性治理，提高基层政府公共关系效能。通过协调政府、媒介和公众之间的关系，把握新时期公众与政府信息的联系，以及公众新媒体接触对政府形象的构建；在规划部署和日常运作中充分利用新媒体的组织功能，动员群众参与地方政府公共管理；理性应对网络舆论和社会情绪，健康使用新兴媒体，回应社会意见的精准性，发挥社会动员、舆论监督等天然优势，转化为社会体验能力；作为关键节点生产和传播正能量内容，实现优质内容在平台媒体上聚集，塑造良好的互联网内容生态，对用户行为进行规范化管理。

地方政府信息公开的方式主要由政府网站向新媒体技术应用转型，为政府信息发布、政务公开、搜集民意、为民活动的开展提供了多样化的途径。建好政务新媒体可以有效地引导网络舆论，重塑民意公信力的基石，提高社会效益和政府信任度。公共决策的智能化促使公共服务信息作用明显，提升网络诉求处理能力和效率，在最短时间内关注社会各界事件的传播，从社会和民生的角度发布政府公告，表达政府的态度，嵌入社交网络交流互动反馈，并通过多种渠道实现最大化覆盖，政府与公众的沟通互动变得更为频繁，有效捕捉到潜在的情感和深刻的观点表达，及时回应公众的关切和需求，获得公众的理解、认同与信任。媒介素养成为未来从社会到个人的标配素养，提高全社会的媒介素养，使人们在新兴媒体发言时，了解自身所处的环境与现实环境的关系，充分考虑社会影响，增强信息沟通中的理性思维，保证发言内容的客观性和公正性，避免成为被裹挟的乌合之众。进一步健全法制，培育健康全面的世界观，作为社会治理的动员者和参与者，提高公众的媒介素养和科学素养，加强公民媒介应用技能的培训，公民教育的社会普及及提高受众的眼界、认识、思想水平、理性程度。

2. 行业自律体系的建设

政府管理职能部门在机制建设、优化服务提供等方面建立基准和规则。自 2014 年以来，国家有关部门逐步稳步推进互联网空间的积极治理，采取"净网行动"和"清朗行动"促进了网络空间的规范性、有序性和安全性。对网络媒体信息传播的无序与失范现象，发挥硬约束的他律作用，制定专门规制网络服务协议的法律，规范用户活动，阻止违法信息传播。纳入组织化管理，引入行政部门对新媒体账号进行核查与舆情管控。通过量化评级，促进媒体内容生产者不断优化产品。随着内容监管政策日趋严密，许多平台都采取严格的内部审核措施，补充完整的监管规则，防止法律明令禁止的内容出现，并有计划地通过平台策划正能量措施，通过增加正能量推荐的权重，完善内容推送和分发机制，加强主流价值引导方式，增加内容传播频次和质量。

网络监管部门拓宽治理思路，"政府管平台、平台管用户"，引导平台的规则约定权，根据实际情况对网络内容引导和生产，引入一定的社会监督和在线监督机制，逐步建立专业化的行业自律组织，制定行业自律公约和行为规范约定用户和平台的行为准则。实现网络生态领域的治理能力，更重要的是注重道德层面的责任和规范，对媒体内容产品价值和生产准则达成共识，在服务用户与规制用户之间实现平衡，确保行业、企业乃至个人守法，形成主体实践的理性自觉，共同创造良好的社会空间。政府机构拥有权威和执法能力，同时运用行政能力和综合能力，将各自为政的平台政策规范化、标准化，并实现政策网络之间的互相依存和资源交换。由于政府规制具有强制力和公益性，完全覆盖日常监管难度很大，平台自我治理是政府监管下的行业自制，介于法定规则和自我规制之间，可以调动更多的资源，使规制从单一走向复合，有效填补了政府规制不足留下的空白，赋权推动发挥软约束的自律作用，共同致力于抗击虚假信息。

行业协会发挥协调联动功能，主动传播宣讲政策法规，指导平台和生产企业自觉加强行业自律，协商制定伦理操作守则，制定平台内部管理规范，签订自律公约。发挥社会各界力量，提升自组织能力，完善社会监督的职能定位，发挥媒体行业自律体系的功能，降低市场实践带来的风险，提高政府的收益预期。强化互联网平台道德意识、责任意识，加强执法部门与互联网平台协作，成为公权力进行社会责任治理的中介，实现行业内的监督和管理。落实平台主体责任，规范网络平台内容供给，完善相关的媒体内容库，调动各方力量、网民的积极性和创作的欲望。网络内容生产者、内容服务平台各个主体都应规范自己的行为，承担相应的责任，共同赢得网络生态治理这场攻坚战。

第二节　融媒体时代科学传播系统

一、传播供体

科学传播是科学的传播。在"人人都是传播者"的融媒体时代，科学传播有着不可磨灭的重要性。当今融媒体时代背景下，传播供体也被分为以下四个不同的群体。

第一，科学家以及科学共同体：科学家是指其研究领域的专业人士，科学家是科学传播的主要信息来源。从信息流动的方向上看，大部分的科学信息都是由科学家传递给受众的。国外研究表明，如果媒体的公信力强并且被科学家所信任的话，那么科学家就会不断提升自己来达到被报道的动机。这反过来又会导致更多的媒介暴露。在人人都是信息创造者的时代，公众期望科学家和科学共同体可以承担更多的社会责任，并希望他们可以表现出更多的社会良知。一旦科学共同体达成统一的行为规范和精神气质，不会轻易地被外界动摇。但事实是，科学家或科学共同体更加看重同行之间的评议与交流。

第二，媒介供体：通过不同的媒介，人们不仅可以获得相关的科学知识，还可以形成自己的观点。科学家、科研人员、媒体、相关从业者以及公共人员从社会化媒体中可以生产和传播科学信息。这是我们看到大量信息的来源，它正在改变公众分享信息的方式。据研究表明：人们花在网络上的时间和他们对科学的态度有着密切的关系，对科学的态度会随着上网时间的不断增长而表现出更加积极的态度。同时也可以看出，经常上网者即使自身并不能得到任何利益，对于基础科学研究也是持赞成的态度。

第三，政府供体：世界上大多数国家都把提高国民素质作为国家发展的战略目标。政府发挥主导作用，动员一切社会力量，实现"人人具备科学素养"。中央电视台策划、制作、实施的各类科学类节目对于科学传播也做出了一定的努力，扩大了科学传播的影响力。

第四，个体供体：时代创造的新主体就是公众。在融媒体时代，公众之间的个人和个人、个人和群体之间的信息交流更加便捷。在这个层面上，多元分散的个体主体是融媒体时代下一种新科学传播形式。这种能够进行实时或延时社会行为的网络空间为多元分散的个体提供了充分的互动空间或场域。在融媒体时代，多元分散的个体传播呈现出两个重要的特征：第一，每个个体所构建自己的知识体系都是根据对接受信息理解来架构的；第二，这个知识并不是客观的，而是主观和个体的。

二、传播受众

科学传播的受众是科学信息的接受者。随着现代科学传播体系的发展，科学传播主体的主动性大大增强，使得传播者与受众之间的交流更加频繁。特别是在融媒体时代，公众改变了被动信息接受者的角色，成为积极的"传播过程参与者"，不再是传统意义上被动的受众。融媒体的发展为受众直接参与科学传播提供了新的渠道。通过各种终端的应用，科学传播从传统的"垂直灌输"转变为"跨界沟通"。在互联网大数据采集和分析技术的支持下，跨境鸿沟已成为零距离。在虚拟环境中，权威专家和普通大众也可以随意进行互动和交流。比如科学博客的博主，不仅是信息的传播者，也是信息的接受者。他们可以随时随地在微博上发表自己的观点，还可以与观众互动。

三、传播渠道

在融媒体的背景下，进行科学传播的信息渠道是一条纽带，它指我们科学传播的媒体。在科学传播中，一端与信源相连，另一端与信宿相连。科学传播媒体一般包括报纸、书刊、广播、电视、电影、录像等。同时，它还包括学术讨论会、访问交流等形式，以及图书馆、科技馆、展览馆、博物馆等场所。

传播表现方式主要是图片、文字、视频、讲授、实物等。媒体是介于科学信息与传播受众之间的知识传播形象。此外，我们还要反思、疑问、求证、解析这些从简单到复杂的科学精神、方法、思维的传播。

除此之外，传播内容、传播类型、传播者、接受者等因素会制约传播渠道的选择。广播、电视、报纸、杂志、互联网等大众传媒适合一般的信息推广；专家学者之间的交流或讨论通常以学术研讨会、访问交流的形式进行；或者通过中介的服务：某些技巧性高、难以编码的知识一般会采用直接而授的传播方式，而那些易于用语言、图像表达的知识则可借助传播媒体。

第三节　融媒体时代传播的运行机制

机制一词最早是用来描述机器的结构和工作原理。它后来被引用在生物学和医学中来解释生物功能的内部运作。从哲学的角度来看，机制一词指的是相关事物的结构、构成要素之间的关系，在事物发展过程中发生各种改变的运动性质和相互关系。"揭示了事物的运行机制代表着对一个事物的认识从现象开始进行阐述到对其本质的理解。"因此，进行科学的传播运行机制对传播目的是非常重要的。

一、内部动力机制

（一）信息选择机制

"为发展科学、技术和生产所必需的信息量在急剧增加，信息整理和掌握是越来越复杂和消耗大量劳动的任务。"面对海量的信息，不管是传播供体还是传播受众都要有所选择。在融媒体时代，信息的选择首先是对原始信息进行综合判断，然后对选择的信息进行二次筛选，对需要的信息进行处理和提取，同时还包括优化控制知识创新信息流量、流向和传播方式。

面对复杂的信息世界，每个人都会根据自己的知识结构、兴趣爱好、价值观和生活经历来选择信息，从而排除与自己个性不匹配的信息。因此，每个人在得到信息时，就会选择接受或者排斥。信息选择有一种选择性的意味包含在里面。也就是对信息的接触、理解和记忆。信息的选择性接触指选择自己比较感兴趣的信息，这是一种本能的选择。费希特认为，你是什么样的人就会选择什么样的哲学。事实上，你选择什么样的信息也取决于你是什么人。相比较与自己价值观不符合的信息，人们更倾向选择与自己观念相同的信息。选择性理解是人根据自己的知识架构和生活经验对接受的信息做出个性的解释。同样的信息对于不同人来说有着不同的解读，也就是人们对于如何理解信息有着主动权。对于信息的选择性记忆指人会对于自己有用的信息从大量信息中提炼出来并进行记忆储存。一般来说，人们会记住某些信息并不意味着这类信息是他们感兴趣的，但是它能投其所好。因此，在信息的选择上，人作为一个个体，其自身的特性导致选择的随机性很大。

（二）系统自组织机制

最早提出"自组织"概念的人是普利高津。它指系统不受外部环境干涉、不需要外部环境指令而自行组织、自主从无序走向有序的过程。自组织本质上"表示系统的运动是自发的、不受特定外来干预而进行的，其自发运动是以系统内部的矛盾为根据、以系统环境为条件的系统内部以及系统与环境交叉作业的结果。"随着时间的流逝，系统内部状态的无序性也在慢慢减少，有序性却在不断地增加。自组织的形成和运转也是需要相应的前提条件、动力和渠道。

自组织通信首先需要一个开放的系统。信息交换不断地发生在科学传播系统的内部和外部环境之间。开放需要达到一定的限度，即外部环境对内部环境的信息输入。只有达到这个极限，系统的自组织才能顺利进行。当外部环境的信息输入没有达到这个限度时，系统就不能进行正常的自组织。在融媒体时代，科学传播系统的开放度更大。主要体现在两方面：第一，媒体融合使得科研交流、学术讨论突破了阻碍，科学传播变得更加大众化；第二，大众可以利用各种网络平台来进行科学传播和信息交流，在非特定的情况下，大量的信息通过媒体的整合不断地进行信息的输入和输出，已经达到了这个极限。

自组织的根本原因是非线性。非线性是指时空中不均匀、不对称的作用。非线性要求系统内部、不同组成要素之间的作用不是简单的线性相加，而是互相影响、互相限制的，导致产生的影响远远超过了系统内部要素相加的功能。科学的传播供体、传播受众和传播渠道共同组成了整个科学传播系统。科学传播的首要条件是有科学传播供体的信息提供。与此同时，作为中介的科学传播渠道也是必不可少的。这三个因素相互作用、相互限制。每一个要素的协同合作都会创造新的整体效应。

自组织需要的是系统"涨落"，涨落的结果是带来有序。不论是在系统的内部或者外部，一个非定向的小改变，都会随着系统内部各个要素的非线性作用关系而变大，这就导致整体的涨落，系统就会不稳定。

作为一个复杂的、综合性的系统，引起科学的传播系统"涨落"的因素也是多方面的。其总结归纳可以分类两个方面：

第一，系统的内部因素不断发生变化而导致涨落。例如，在科学传播的系统中，因为传播供体的知识水平提高、科学信息量加大等，都会导致科学传播结构与资源配置之间有所变化。

第二，系统外部因素的变化性而带来"涨落"。例如，政府对于网络虚假信息传播制定了一系列有关法律法规的条例，就会改变科学传播信息的现状。这种涨落并不是计划好何时发生，而是随机产生的。它可以对系统内各个要素间的相互关系产生影响，甚至改变各要素的关系，然后利用非线性特点来加速系统自组织的完成。

（三）弱联系传播动力机制

"弱联系"一词最早是美国的社会学家马克·格兰诺维特教授提起。他认为，职场新人想要得到就职信息或者是工作岗位的话，一般情况下并不是靠好朋友或者亲戚，而是通过一般朋友所获得的。如果 A 和 B 有共同的朋友 C，那么他们潜在认识的概率就会比较高，这种隐性的关系就叫作弱联系。

在科学的传播中，弱联系的存在方式主要有两种。

第一，有共同关注的对象，即使双方没有直接的关系。

第二，一方单方面的对另一方的关注。

互联网作为一个科学传播的平台，我们获取信息多来自第一种弱联系。例如，A 和 B 之间没有联系，但是共同关注 C。如果 A（B）发布一条消息，C 将其转发，就会传到 B（A）处。而另一种弱联系主要存在权威和普通受众之间，一般这两者之间相互关注率低，互动少。两者之间的联系更多体现在信息传递上。在融媒体时代，信息碎片化，阅读无障碍化的现状下，弱联系是主要的传播动力。

二、外部动力机制

科学传播的外部机制指整个科学传播系统和外部环境系统以及每一个组成部分相关联性一起构建的机制。由于不同因素的影响和变化，科学传播的外部机制将呈现出不同形式。在整个科学传播过程中，外部机制起着一定的作用。丢弃外部机制的运行，科学传播活动就会无法正常运行。

（一）时空机制

时空机制在科学传播方面主要体现在科学传播活动发生时间的早晚、传播速度的快慢、传播范围大小。这些情况不仅与科学内部的各个方面有关，而且与科学传播的外部环境有关。在融媒体时代，各种媒介的使用打破了时间和空间的限制，建立了超越时间和空间的网络社会。数字信息社会最重要的特征是打破时间与空间的"鸿沟"。此外，它可以把鸿沟附带的摩擦系数一点点降低直到降为零。这就是我们所说的"非摩擦经济""零距离"等。在科学传播过程中，时空机制发展不仅取决于系统各部分的发展，也取决于媒体融合的发展情况及程度。

（二）目标机制

科学传播是一个向一定目标努力、独立的系统。这里一定的目标指人们在举办每一次科学传播活动时所期望达到的效果。也就是说，这是科学传播本身所包含的，同时也是展开传播这一行为的传播供体作为期望值来自觉确立。虽然平时这个目标是隐形的，但科学传播活动的过程是围绕着这个目标进行的。

在媒体融合后，科学传播系统目标因为多元化的传播供体和传播过程的交互化变得更加复杂。科学传播的目的具有以下两个特点。

第一，多向性。在社会大系统中，存在着各种各样的社会群体，同时也存在着不同程度被社会化的主体。作为科学传播供体的人，其社会生活、受教育程度、社会身份也各不相同。他们在选择科学传播活动的目的会因为自身的背景和学术视野来决定。自然科学学者、社会科学学者的科学传播目标也是不一样的。

第二，级次性。科学传播供体既可以是团体也可以是个人。作为媒介之一的互联网在科学传播供体方面也存在一定的限制。对于传播供体，它在技术、设备、成本和文化水平上都有一定的要求。

因此，综合各方面的因素以及每个人个体的独立意识，每个传播供体所期望达到的目标也就大不相同。

（三）功能机制

作为一个独立的、开放的科学传播系统，同时又是社会系统中的一个分系统。在融媒体时代，科学传播系统交互性和共享性的特点注定了会与社会其他子系统的摩擦、协调。并且利用融媒体这个平台，融会在社会这个大系统中来发挥自己特有的功效。

外部机制的主要功能作用是调节。它指有着相同性质的各个要素之间相互作用、补充。教育系统和科学传播之间相互配合就是最好的例子。科学传播活动的开展要借助教育形式，教育系统的完善需要借助科学传播活动进行开展。科学传播系统与社会其他系统也存在外部机制，只是形式存在差异。

三、系统反馈调节机制

（一）效果反馈机制

实现协调与控制的手段就是反馈。维纳认为随意活动中的一个极端重要的因素就是控制工程师们所谓的反馈作用。不管是什么系统，只要是有目的的行为我们都应该把其看成是需要反馈的行为。

系统通过反馈就可以不断地把内部信息和外部环境通过交换用来淬炼、吸收信息，并且调解系统内部各要素的关系。随着环境的变化，调整自身与外部环境的关系。这样就会令系统内部各部分之间的关系不断地进行自我调整。科学传播系统利用反馈机制既可以保持静态平衡，也可以维持动态关系；静态平衡是发生在系统内部的，动态关系则是发生在内部与外部之间。

反馈路线是否保持畅通直接影响到传播效果、科学传播机制的正常运行，也会对科学供体造成无法忽视的影响。具体可以从以下两方面来看。

第一，从宏观上来讲，如果反馈系统受阻，不仅会影响政策的制定，还会影响国家政策执行的进度，影响科技成果转化为生产力。

第二，从微观角度来看，如果科技传播的内容过于专业，可读性低，直接对受众产生阅读阻碍，受众需要得不到满足，从而就会敬而远之。在这一点上，要是传播供体依旧不能跟上调整的步伐，那么传播活动就无法达到预期的效果，就无法跟上时代前进的速度。

（二）改善调节机制

媒介的无门槛使用使得参与科学传播活动的广泛度不断增加。扮演科学传播供体角色的人各种各样，包括政府、科学共同体、科协组织、个体科学爱好者等。因此，不同的科学传播主体在整个科学传播活动中，面对各种各样的信息，发挥着不同层次的调节功能。主要体现在以下三个方面。

第一，无论何时何地，科学传播活动必需和国家的前进方向是一致的。在融媒体环境下，媒体传播的信息应该是正面的、积极的。不损害国家和人民的利益。我们必须在各方面端正态度，稍有差错，国家和政府就会对传播活动进行调节。特别是当"法轮功"等歪理邪说所进行有组织的传播伪科学、假科学等严重影响国家秩序、危害人们生活的时候，法律法规作为行政手段就会对其进行调节。

第二，把国家和人们的利益作为一切行动的出发点，这也是社会主要科学团体在进行调节时所要遵守的。中国科学技术协会呼吁全国上下的科学工作者共同努力，用专业的科学知识和科学理念帮助公众了解真相。只有树立正确的科学意识和科学态度，才能使传播的信息更加准确。

第三，个人传播供体受众自身的调节。一旦传播供体发现自己的传播活动没有达到自己期望的目标，或者自己所传播的信息不被大众接受、理解，他们就应该及时进行调整、更换信息甚至改变传播形式来达到目标。在这一点上，传播受众也应如此，当传播受众所关注的传播供体所提供的消息不符合自己的价值观，无法理解的话，他们就会放弃对传播供体的关注转而寻求其他科学供体。

四、融媒体时代党报新媒体运行机制的创新探索

（一）立足传统优势

1. 发挥政治优势

党报是党的宣传事业的一部分，党报的主要任务就是宣传党的政策，反映群众的疾苦和呼声，这是党报最大的特性。党报通过将党和政府的重要信息在第一时间发布，及时全面深刻地向普通群众传递党和政府的政策，发出权威的声音，成为群众依赖的定海神针。

党报是展开宣传工作的重要平台，宣传工作的实施需要遵循宣传方面的规律，发源于西方的相关传播理论不能完全介入到宣传工作中，新媒体时代的碎片化传播理念也不能完全应用到党报在宣传工作的具体实施过程。融媒体时代，党报更要不忘宣传事业的本质，绝不能把新闻宣传当作简单的信息传播。

政治优势是党报的突出资源优势，融媒体时代利用好这方面的优势，有助于进一步提升党报的传播力、影响力。党报的政治优势不仅体现在舆论阵地中不可替代的政治地位，也体现在党报讲政治的优良传统。

党报新媒体平台的建设，为党报的宣传工作提供了一个新渠道，也成为党报媒体融合转型的试验场。党报新媒体平台继承了党报的一些特质，但是在内容生产上又不完全相同于党报，应该是一种适应移动互联网传播规律的新媒体形式。

2. 发挥内容优势

党报拥有着一大批业务能力强、专业素质过硬的新闻人才，在原创深度内容方面有着其他媒体难以追赶的优势，这些方面的优势使党报相对于其他媒体构筑了一条"护城河"。这些党报的优势所在，是党报发展在融媒体时代应该传承的优点。继承好原有优势的同时，党报也要适应新媒体平台的传播特点，适应融媒体时代的新媒体传播规律，传播中既要接地气也要讲正气。在不同渠道的内容分发中，宣传报道内容的核心要素并没有改变，需要的是在叙述模式上形成创新。由此看来，党报掌握好原有的人才队伍，继承好内容创作方面的优势，同时适应新媒体传播形式，是党报在融媒体时代所需要做到的。

大力弘扬社会主义，核心价值观，传播正能量是党报的职责所在，也是党报等主流媒体的应尽义务。融媒体时代的主流媒体，需要以群众喜闻乐见的形式，用新媒体的手段，把各行各业的先进模范事迹进行精心提炼发布，使得这些信息在广大群众中广泛传播，让人们从这一些先进的案例中，感受到正能量，从而起到凝聚人心，推动社会发展的重要作用。

（二）优化传播方式

1. 运用协同理念

媒体的融合发展之路，如果利用协同理论来分析，可以看作是不同类型的媒体子系统互为联系之后，形成有机统一，协调有序地融合化新系统的过程。

这里所说媒体子系统之间的协作关联，有些是不同类型的新媒体产品之间的协同传播，如根据不同新媒体平台的更新频率，在传播深度和广度上进行全面的传播覆盖，具体而言可以在内容深度方面下工夫，有些可以是新老传媒平台之间的协作，协作中利用好传统媒体中的优势项目，比如在人才积累、公信力、影响力等方面的优势，再结合新媒体传播平台的技术、灵活性等优势，以此利用好不同渠道的优势和特色。

媒体加强协同性思维，对于生产、传播、营销等各运行机制会产生正面影响。在融媒体时代，传播者与用户的关系产生了改变，传统意义上的传播者与受众的关系被不断推翻重塑。融媒体时代的媒体，把握好受众需求十分重要，受众与传播者互动性的加深，甚至传统意义上的受众也成为内容创作者，所以受众也成了传播体系中的重要元素，传播者与受众之间的协同关系也要被重视起来。

与此同时，不同思维之间的协同联系也很有必要。新媒体带来的传媒思维重生再造，使得传播环节中的各个元素联系更加紧密。当前的媒体融合进程，很大程度基于愈发强大的移动互联网来推进，由此各媒体需要变革思维方式，用互联网的思路去考量传播和营销，做到与移动互联网思维实现协同发展。

综上，党报在媒体融合进程中的各个方面，都需要利用好协同性思维，通过对子系统之间不断优化整合，以此将整个传播系统的效率提升到一个新的高度。

2. 细分目标受众

伴随受众欣赏品位的提升，以往意图通过一次传播来覆盖所有类型受众的情况很难再现。随着媒体融合进程的不断推进，媒体之间的竞争也日益激烈；与此同时受众的需求也不断发生着改变，受众日常接受到的信息类型愈加广泛，因此受众的价值观念和内容需求也变得更加多元。在融媒体时代，党报要提高对传媒生态变化的敏感性，发挥好自己的优势，肩扛起社会责任。

面对受众身上出现的日益多样化的内容需求，媒体需要在内容生产传播上做到差异化，以此有效提升主流媒体在社会上的影响力。通过生产差异化的内容产品，针对不同传播渠道做到精准投放，是党报在内的主流媒体需要思考并实施的。

党报一直以来都起到了"喉舌"的作用，在新时代，党报新媒体不仅要体现党的意志，同时还要反映人民的呼声。因此，党报新媒体要注重分众化，完善自己的受众定位，以分众化的定位赢得更多的受众。为了准确把握不同受众的需求，党报需要分门别类对用户做好梳理工作，面向不同年龄、不同地域、不同文化层次在内的各种受众的需求，同时结合热点关注潮流，合理配置好自身资源，让分众化的传播得到不断的优化。

3. 传播渠道多元

党报做媒体融合要打造户外传播大屏、电子阅报栏等产品，来满足不同层次不同类型受众群体的各式需求。很多媒体在推进媒体融合进程之时，往往将非常大的精力投入在线上渠道的建设上，在此方面投入的人力、物力、财力巨大，却往往忽视了线下受众的部分需求。包括党报在内的各种传统媒体，有一类相当大的受众群——老年人。这部分老年受众，未必能很好地通过移动互联网等新型传播载体来获取信息，日常接收资讯往往通过读书看报听广播等传统方式。但实际上，他们也有着对增强可视化信息的摄取需求，所以发展电子阅报栏这种传播产品，对于融合内容传播在覆盖面上的加强有着正面影响。

通过多种形态的传播介质，建设起共享共通、有机连接的全新媒体生态，最终形成立体多元、融合发展的现代传播体系。有的放矢地开展精准化传播，既提升传播的针对性，又提高传播的质量，而且还可以养成受众对某一媒介产品的依赖性，形成稳定的用户群。

（三）拓展营收来源

1. 新媒体智库转型

进入融媒体时代，信息传播的手段和途径有了不小的变化，传统的受众有机会成为信息传播者，网络舆论从产生到发酵的速度惊人，舆情分析成了社会管理的重要前置手段，探索主流媒体建设新媒体智库具有重大意义。这方面智库的研究与建设，对网络舆论环境下的公共治理的研究，为社会舆论的影响与传播进行评估，给党和政府提供相关的舆情分析，为社会中各种团体提供信息支援和参考，都能提供重要动力。

能否在最短的时间内把住信息脉搏和舆论导向，在某种程度上已经成为社情民意上传下达、党和政府治国理政，提升治理能力和完善现代化治理体系的重要部分。党报媒体通过利用信息优势建设新媒体智库，提供舆情分析等信息服务，成为融媒体时代传统媒体拓展营收来源，实现多元化发展的重要方式。

2. 政务新媒体运营

在融合传播不断开展的大环境下，各级政府部门逐渐开始重视政务与新媒体形式的结合，很多政府部门开始建设各类以新媒体公众号为主要载体的政务新媒体，以新媒体为桥梁，实现信息发布和政务互动。这些政务新媒体公众号的运营，很多时候有着党报在内的传统纸媒的影子。这些媒体通过设立政务新媒体托管部门，实现了政务新媒体平台从搭建到运维的全程服务，实现了政务新媒体的一站式解决方案。

在这方面，传统党报媒体可以发挥原有的内容优势，借力新媒体，在政务新媒体时代运营方面一展身手。通过代运营合作单位新媒体公众号，对合作单位提供新媒体综合性服务，以此扩展新媒体方面的营收范围。

（四）健全人力机制

1. 培养机制

媒体的融合发展需要融合类人才的实践，所以随着媒体融合的推进，媒体一方面需要培养、吸收新型人才，另一方面也要创新人力资源模式。传播内容在多角度、多层次上的不断融合，对媒体人的综合能力提出了更高的要求，媒体需要培养、吸纳一批"多面手"，逐步形成多样性的人才队伍，最终建成全能兼备的新型媒体人才群体。

融媒体时代媒体内容在可视化、多样化上的新需求，使得记者从原来的只需采写文字或者拍摄新闻图片即可，发展到现在需要全面掌握新闻内容生产传播链条中的大多数技能，实现新闻内容的实时采写，即时编发。除了文字的采写和图片的拍摄，融媒体时代的媒体人，还需要具备一定的视频、图片采编能力，甚至要利用一定的计算机技术来获取并利用信息。

在当下这个媒体融合转型发展的关键节点，融媒体平台的发展不仅需要融合型媒体人才，还需要具有综合思维和新兴媒体管理思维的企业经营人才。不同类型人才的融合将形成一个媒体整合人才团队，这样的综合团队，才会使媒体的融合转型得以全方位开展。

2. 激励机制

完善有效的激励机制对调动员工的工作积极性，使其充分发挥主观能动性有着巨大的正面作用，这也对提升整个媒体的综合效率提供了巨大的动能。传统的评价方法针对性不足，激励感相对较弱，具体的评估项目可能也不甚明确，这给激励体系的使用带来了负面影响。完善具体有效的激励机制，需要建立切实有效的工作考核方法，在具体评估内容和标准中更加注重量化性，使实际实施落到实处。

目前媒体的激励机制主要通过内外两种方式来反映外部激励因素，如工资、固定津贴、社会福利、单位内其余统一福利等。另一类是内在的激励方式，比如员工的个人成长、工作环境、培训机会等。通过将这两种激励机制有机结合，工作人员工资收入和考核结果紧密关联，使得激励机制实用性更强。

外部激励更多的是满足员工物质方面的需求，而内部激励则注重满足员工精神上的需求。通过两种激励机制的共同促进，使得员工的个人目标和媒体发展的目标相统一，让员工得到明确的归属感和成就感。

3. 引进机制

随着移动互联网的发展，媒体在内容的采集、生产、制作、传播等环节不断变化，对媒体从业者的要求也越来越高。实现传统媒体与新兴媒体的融合，需要许多人才，如数字发展，产品设计和用户体验等方面的人才。在过去的一年里，中央和地方的主要新闻媒体，都从媒体融合和人才发展的角度出发，积极引进各种急需的人才，填补了媒体整合和专业发展中的不足，逐步形成了包含记者、编辑、设计师和程序员组成的多元化综合的团队。

在发展融媒体的过程中，媒体需要根据自身融合发展的规划设计，逐渐改善既有人才队伍的结构。媒体在发挥好传统的媒体人才优势的同时，还逐步做好新媒体相关的内容制作与技术，实现相关各类人才的挖掘、储存和发展，逐步实现了内部人才和引进人才的有机整合利用。在媒体整合发展过程中，要注重引进具有互联网基因和复杂创新能力的人才，同时适应新媒体市场运作的需要，大力引进熟悉资本运作的人才。

第四节　融媒体传播存在的问题

新世纪，新发展。随着互联网的飞速发展，传统媒体与新媒体的融合已经势不可挡。但是融媒体时代传播运行机制的过程中也存在诸多问题，如传统媒体与新媒体契合度欠缺、自组织程度不足、能力不高、内容传播机制方面的问题等。下面进行具体阐述：

一、传统媒体与新媒体契合度欠缺

媒体融合，主要应该是以下四方面的融合。

第一，技术上的融合。我们不应该放松对技术的开发和利用。融媒体自身的建设要和最新、最合适的技术相融。技术在传播过程中起着非常重要的作用。但是所使用的技术与其自身的需求和特性必须融合，要把重心放在新技术和本地受众需求上。

第二，产品的融合。融媒体发展的关键在于创新。以新产品为中心整合资源，改变采编流程，策划市场运作，用新的传播形态、传播内容来满足受众多样化需要。就报纸而言，报纸的每一栏和每一页都应该被当作产品来对待。在融媒体时代，有必要利用新媒体技术和平台来调整传播方式，推出各种具有个性的产品。此外，媒体人也应该改变他们的想法，为不同的产品收集不同的材料；融媒体中心要发挥加工制造作用，及时、快速地将媒体人收集的资料加工成不同形态的产品，推送给不同的产品平台。

第三，渠道融合。媒体的竞争发展到现在，已经从最初的单一内容转变为内容与渠道齐头并进形势。阅读方式也从"冲浪式阅读""检索式阅读"转变为"推送式阅读"。当前融媒体所面临的问题是如何解决在新媒体、新技术持续不断出现的情况下，将传统渠道和新渠道整合使用，同时考虑怎样保持对新传播渠道的高度关注和使用，增加媒体传播能力，保持品牌的影响力和公信力。

第四，结构的融合。结构融合主要指两个层面上的融合：一个是单个媒介内部的组织融合；另一个是指不同媒体之间的融合。媒介根据自身发展，进行策划，建立有效的机构组织，配置人员，指定各个部门工作的规定、计划。建立有效的组织体系和管理制度，落实媒介企业的生产活动。所有权的整合是不同媒体之间的整合，大型媒体企业拥有多种媒介，这些媒介之间可以实现资源共享和内容共享。媒介所有权的融合为我们展示了完整的融合形态，是综合运用文字、图片、视频等表现方式，生动地展示传播内容，期待已久的各类节目、栏目制作以及传播方式的融合在进一步实现。

然而，需要特别指出的是，在传统媒体的转型和发展中，几乎所有的重点都放在了媒体自身如何进行自我调整上。仅仅这样是不够的。在全面推进依法治国的背景下，科学传播也应树立法治思想，传统媒体和新媒体的融合需要"有法可依，有法必依"。这就要求国家尽快制定一系列的传播立法，对传统媒体和新媒体的融合进行顶层设计和统筹安排。此外，学界对于传统媒体和新媒体融合过于乐观态度有待验证。想要取得真正意义上的传统媒体和新媒体融合，我们还肩负着很长的历史使命。

二、自组织程度不足、能力不高

自组织系统的特性是由个体之间协同交互导致的。媒体融合在对加速个体与个体之间的协同合作，把每一个思想集合成整体思想方面起了很大的作用。但这并不意味着结果一定是积极的。在某些特殊情况下，群体迷失会发生在群体之间互动的时候。在自组织中，每个人都有自己的定位。每个人的个体素养决定了"自组织"能否正常运行，能否带来积极的互动，实现"自进化""自净化"等效果。

在融媒体背景下，个体素养包括媒介使用素养、信息消费素养、信息生产与传播素养、自我管理素养、社会交往素养、社会协作素养等。提高全民的个体素质是促进媒体自治的基本途径之一。在自组织的过程中，当政府和媒体没有履行传播信息的责任时，就会出现"谣言倒逼真相"等手段来解决信息在某个空间的无序性。这是不正常的。但是把所有的责任都推到一个人身上，或者把希望寄托在提高个人科学素养来解决问题也是行不通的。

自组织系统内个体的自主性是它的一个特点，即不受集中管理控制。自主性的基石是个体与个体之间的直接协作。例如，在一个系统中有大量的子系统。然后他们之间的关联性、相互制约将采取各种形式的、复杂的、非线性相互作用，这意味着创新性、变化性、无法预测性、非对称性等特点存在。在融媒体时代下，在科学传播过程中，当媒体的使用不受集中控制、个体科学素养水平不均衡时，就会出现偏差信息、虚假信息。在传统媒体时代，信息来源是明确的，当出现问题时，可以追根究底，责任到个人。然而，自组织去中心化、多层次特点使得查明信息来源异常困难。在自组织团队中，团队成员相互信任，他们有一个共同目标，所以沟通成本会大大降低，运行会很顺利。但是组织团队的成员并不是一成不变的，总会有新成员的不断加入，按照中国社会的差序格局的规律来看，新、旧成员之间就会有着不同的圈子。

三、内容传播机制存在的问题

内容传播机制的第一个问题就是专业术语化和可读性之间存在沟壑。专业性也是科学的特征之一。一项新发明、一个新创造、一种新技术都包含了很深刻的科学理论依据。但是这些理论都没有专门的研究，缺乏科学的基础知识，对于普通大众来说，阅读时更是不知所云。在融媒体科学传播的过程中，视、听、看的融合一直在努力普及专业内容，但收效甚微。其根本原因在于专业性太强而导致无法长话短说地进行解释，达到俗语化的程度。科学结果往往不是由一种理论支持的，而是由无数小理论支持，所以解释起来更加麻烦。这也是在融媒体背景下，缺乏专业的科学传播者的原因之一。科学培养目的是把人打造成为冷静的、系统的、与试验和数据打交道的人；而传播培养的人是具有良好的沟通能力，善于和他人打交道的。因此，同时具备科学素养、传播素养的人几乎是很难找到的。最后，科学传播还没有产生巨大的经济影响，几乎所有这些都是政府的支持。在这种情况下，许多科学的传播人才因为经济压力而转行。在大众传媒时代，也存在缺乏科学传播人才的现象。

其次，通过互联网传播科学信息的内容难以区分真假。随着社会的不断发展，每天都有新的发明、新的创造、新的理论和新的专利诞生。媒体融合更让信息的增生速度加快了不少。信息量的不断增加和信息传播的速度之快，也导致了科学信息传播的不佳。

最后，科学传播产品的异化。异化指大众传媒的文化产品偏离或违背科学精神，走向了科学的反面。为了吸引公众的注意力，一些网络上的科学报道利用了人们的好奇心，避免了科学和技术的二重性特点。更重要的是，一些媒体和传播供体利用人们崇拜科学的心态，将"科学"的外套套给节目，实际上宣扬的却是伪科学、反科学的内容。传媒也是企业，也需要经济效应来维持自身的生存，为了实现这个目标需要追求产品的销售和收视率。在社会主义市场经济体制下，企业之间的竞争非常激烈，一些传媒企业将科学传播视为一种商业活动。一些不负责任的媒体甚至会篡改科学传播的内容，以吸引公众注意力，传播虚假和伪科学新闻，实现占领市场的目的，由此造成了科学传播的异化。

第五章　融媒体时代传播发展路径

第一节　推进融合传统媒体与融媒体

随着大数据时代的到来，将"大数据"进行拆分解读是不可避免的，"大"指庞大的数据量，大规模、大范围、长时间的追踪记录得到的数据；"数"指可以进行量化分析的相关信息的计量数；而对于"据"的解释存在多种说法，它可以是庞大数据量中有价值的信息，也可以是信息、事实、内容三者的融合应用。面对传统媒体的融合发展，这些"大数据信息"不应该只有来自互联网的海量数据，还要有来自传统媒体的数据，如收视率数据、受众数据、开机率等，也就是形成传统媒体和新媒体数据搜集的融合。海量的数据将被量化，通过分析，挖掘出一个庞大数据库的独特价值。与传统的随机抽样分析相比，基于大量数据的分析更加准确。在融媒体时代，研究的重大突破是大数据的出现，通过分析人们的日常行为，帮助研究者准确把握事件的发展。

一、适应新媒体带来的革新，形成数据搜集的融合

（一）精准定位，建立目标受众群

在融媒体时代，大数据尤为重要。节目的制作者可以通过对受众行为数据、需求数据、搜寻数据、消费数据等海量数据信息进行统计和关联分析，将节目制作者预设的模糊受众群变成清晰具体的存在，通过海量的数据分析，定位精准的目标受众群，了解受众喜好、受众需求，从而更好地以目标受众的需求为准制作融媒体节目。将互联网时代的新技术应用到传统媒体，将新媒体的受众需求与传统媒体评论节目的需求相融合，就是传统媒体的发展趋势。

（二）运用数据分析，满足受众多样化需求

在融媒体背景下，传统媒体对于大数据的运用体现在节目制作与传播的方方面面，通过受众行为数据的分析，传统媒体可以精准定位目标受众群，但是每个受众都是独立的个体，有对不同热点新闻获得评析的需求，这就要求传统媒体运用大数据，追踪受众行为轨迹，记录受众浏览类型、时间等数据信息，定位每一名受众的关注焦点。在融媒体时代，

传统媒体的节目制作者，可根据这些数据，在节目内容上选择关注度高的事件进行点评，但在新媒体端的信息传播就可以利用这些数据，向受众推送满足个体自身需求的新闻事件。通过传统媒体和新媒体的融合发展，不仅增加了新闻评价节目的可看性，也满足了互联网时代，受众对新闻评论的多样性追求。

（三）加强"大数据"的应用和"用户"的管理

1. 搭建融媒体"数据库"

我们一直会在各种媒体中听到"大数据"这个名词，近年来它是国内外业界和学界都一直在热议的话题。它像是信息技术时代的核心资源，影响着各行各业。

学者维克托·迈尔·舍恩伯格认为，大数据时代在分析信息时发生了三大转变。

第一个转变是可供分析的数据更多，甚至可以处理和某个特别现象相关的所有数据，而不再依赖于随机采样，因为采样分析是信息匮乏时代和信息流通受限的模拟数据时代的产物。

第二个转变是追求精确度已变得不可行和不需要，只要掌握大体发展方向即可。

第三个转变因前两个转变而促成，我们无须紧盯事物之间的因果关系，而应该寻找相关关系。

大数据告诉我们"是什么"而不是"为什么"。有了"大数据"作为依托，新闻信息可以通过数据分析而知道用户的喜好，对于媒体的发展具有重大意义。主要体现在以下三个方面。

第一，它创造了新的新闻报道模式。我们可以通过机器完成信息收集的任务，从而降低人力和时间成本，提高新闻内容的生产效率。除了新闻内容的生产方面，在新闻发布领域也有很大影响。根据数据新闻的倒金字塔结构，我们会发现大数据可以让可视化和互动性在电视新闻节目中成为可能。应用化已经是基本的需求，用户更倾向于看到综合类的信息和视觉化效果。

第二，大数据时代让新闻内容更具说服力。这样的数据是受众看得见、看得懂的，具有可视化的特性，不仅创新了新闻话语的表达方式，也让我们意识到了数据的价值。

第三，大数据可以及时反馈用户信息。各行各业都离不开受众群体，或者说是消费群体，人们的反馈信息对于机构组织来说是至关重要的。有学者曾经提过"平台型媒体"，他认为，平台型媒体是未来专业媒体机构的基本形态，这一概念是指既拥有媒体的专业编辑权威性，又拥有面向用户平台所特有开放性的数字内容实体。在这个平台里拥有大量的用户信息，其中包括个人信息和行为信息，通过这些大数据媒体可以分析出用户的喜好，根据喜好来进行专门的新闻内容推送。而且还可以借助大数据了解用户对新闻节目的反馈，如停留的时间、播放的次数、收看的连续性等。在大数据的帮助下，媒体人可以和用户建立良好的情感微链接，从而实现更具个性化、实时化、互动化的多元交互传播。

综上所述，建立融媒体"数据库"对于传统媒体新闻节目的制作益处很多。数据作为核心资源，可以在该平台上共建共享，减轻下来的人力和时间成本可以放在节目的可视化、互动性传播方面。它不仅创造了全新的新闻报道模式，还让其内容变得更加具有说服力和可看性，更可以通过对用户信息全方位的分析找到适合用户的新闻内容，从而留住用户群。通过大数据还可以清晰了解到各家媒体的影响力，使一切资源的使用情况更加透明化。

2. 加强"用户"体验式管理

当今，是融媒体时代也是情感经济时代，在媒介融合的状态下，媒体机构更要管理好用户的情感，与用户建立"微链接"增强他们对于节目的黏合度。作为媒体机构应该重视用户的心理变化。如果说内容是产品，那么用户自然就成了消费者，所以管理学中的用户体验管理值得媒体人借鉴。在融媒体时代，要坚持"一个中心，两个基本点"，即以"大数据"为中心，以"情感"和"体验"为基本点。

用户管理的实质就是情感。人人都需要精神和情感层面的关注，如果说之前的传统媒体是从传播新闻内容到讲述新闻故事，那么现在应该是从讲故事到说情怀。无论是服务经济还是实物经济，到最后也都会变成体验经济和情感经济。只有用户对媒介产品产生信赖，才有可能产生基于媒介之上的附加值。这种情感链接不仅要体现在传统媒体的运作上，更要利用社交网络的优势将年轻的潜在用户变成忠实的粉丝。

用户管理的表现是体验。在管理学中有这样一句话"卖什么都是卖体验"，也许您会认为不应该是注重产品质量才是王道吗？事实是这样，但是产品质量对于企业来说是最基本的要求，没有产品质量作保证再好的体验服务也会让用户感到遗憾，而且要求高质量、好内容是天经地义的事情，不需要过分强调。

以前的传统媒体行业竞争的是内容和流量，而现如今最核心的竞争就是"关系"。如何与用户建立关系、维系关系、运营关系至关重要，只要用户感受到了媒介产品传达的用心和情感，就会选择它，这样才会给媒介组织创造更多价值。随着科技的发展，技术门槛是越来越低，但是情感服务的门槛却越来越高。融媒体的运营中心不是内容、不是技术，而是用户。因此，紧紧围绕以"数据库"为中心，以"情感"和"体验"为基本点是抓牢用户的根本方法，加大情感投入，增强体验服务对于用户的管理具有重大的意义。

二、加深传统媒体与新媒体的融合

我国的媒体融合处在发展的初级阶段。在这个阶段，融媒体只是把各个不同媒体拼接起来，并没有实现真正的融合。融媒体一方面为了帮助传统媒体的持续发展而做出努力，另一方面是因为处于社会责任加强舆论引导的需求。技术发展的速度令人咋舌，媒体融合趋势浪潮一浪高过一浪。它要求不同媒体之间的合作、整体运行。并尝试运用多渠道的方式来传播，加大传播外延，达到科学传播目的。要达到这个目标的话，并不是简简单单的把科学信息放上网络而已。

（一）内容融合

融媒体着重内容融合。单一的表现方式是传统媒体的一块短板。此外，传统媒体用于科学传播的内容是"按稿发布"，受众阅读理解变得更加困难，交流为零。新技术以传统媒体为基石，利用数字媒体进行科学传播活动。它改变了传统媒体单一的传播方式，集视、听、说于一体，利用网络平台的传播特性，缩短时间和空间，把平面传播变成了立体传播。

融媒体的发展，实际上是一种媒体融合的发展趋势，媒体融合不仅是传统媒体和新媒体的融合，更是更多载体和形式的融合。在这个多媒体发展、共同繁荣的今天，媒体信息传播更需要多种形式、多种载体、多种方式的深度广度的宣传。除了在媒体宣传之外，还需要考虑多种形式的活动载体，如进社区、进校园、主题活动等形式，策划以适合的活动，借以适当的时机，做好宣传。在受者不断分散、分众化、小众化明显的趋势下不仅需要线上的宣传传播，更需要线下深入基层，深入现实的传播产品和活动，多方联动，多种传播产品形成一股合力才能达到最好的传播效果。

传统媒体因为历史时间长、内容生产模式已经形成，内容经过精雕细琢称得上优质。但是却被新媒体随意拿来使用。发布时间的随意性令新媒体占据了新闻传播最大的优势。用网络发布的新闻几乎一瞬间在世界各地都可以被阅读。而传统媒体，如报纸则需要编辑内容、排版、印刷后才能流向市场。新闻成了旧闻。这对传统媒体来说更加恶化了其生存环境。

媒体决策者常常陷入这样的误区，幻想拿某种成功的运营模式立刻用在自己的媒体中，从此所有的问题和挑战迎刃而解。有些人甚至希望这种模式能够四海而皆准，而且最好由其他媒体摸索出来，自己坐收渔翁之利。这种误解可以解释为什么媒体人在内容设计和制作上充满了创造力，而在媒体营销上却失去了创造力，沉迷于幻想？空想的后果人尽皆知：什么也不会发生，唯有失败等在下一个路口。面对新媒体咄咄逼人的攻势，中美两国传媒界人士已经形成共识——内容不再为王。真是这样吗？那么，新媒体时代的内容究竟是什么？很可惜，多数人忽略了这个传媒发展必须解决的问题，转而在渠道是否为王的论题上争论不休。渠道固然重要，但厘清内容是什么才是传媒未来发展的基础。

1. 内容是产品

内容是什么？内容就是产品。与其他产品一样，媒体内容必须为受众提供最优的用户体验，否则用户就会弃之而去。

因此，媒体人必须把内容当成产品来生产和经营，必须遵循产品生产的流程和规律，有意识、有目的地设计、开发、包装、营销，并运用数据分析等手段研究内容生产、营销和使用的各环节，以期建立并优化以数据分析为基准的媒体决策模型。如今，内容的生产是基本环节，内容的营销才是重要环节，内容要商业化，可以与各大社交网站合作，利用社交网站的人气推广电视新闻的内容，重视名人效应，这种运营所带来的效益要高于广告等其他传统的运营收益，对于树立新闻机构的品牌，建立良好的用户口碑也会起到关键性的作用。

把内容当成产品还要求媒体人了解用户的消费习惯，能精确计算内容生产过程中的各种成本及收益。相对于传统媒体通过发行量、收视率和问卷调查了解内容生产及其用户，新媒体的技术手段更为快捷、方便和精确。例如，媒体可以通过查看用户的登录时间、网络访问量、在线时长、跳转时间、评论互动数量等数据，掌握用户使用情况，从而明确自己的媒体定位。新媒体技术给传媒决策者提供了有利的决策依据，即他们手中掌握的大量有关内容生产、营销及用户使用等数据，但是却很少有决策人愿意俯身来挖掘整理自己已经拥有的数据金矿。

数据分析能够使传媒人从已经掌握的数据中发现很多未知的商业运营因素及其相关联的事物。从媒体决策的角度来看，这些商业运营因素在特定阶段比媒体内容更加重要，因为它们将决定媒体的生死存亡。例如，成本管理、用户付费的便捷性、内容呈现的灵活性、用户信息及使用习惯等。面对新媒体技术的冲击，传媒决策者必须毫不犹豫地迎接挑战。曾经，传统媒体需要花巨资依靠问卷调查，购买收视率，发行数据来了解用户。如今，他们完全可以通过自己的网站和客户端收集数据来研究内容生产、媒体运营及用户消费，并据此做出最及时、最有效的决策。

2. 内容需精包装

认识到内容是产品后，媒体人还要明白内容需要精细化包装。在市场上商家都知道，无论多么完美的产品如果没有很好的包装，产品的销售也可能出现问题。一些产品实质性的东西没有变，就是包装变得更受消费者喜爱，进而影响销售业绩的实例在世界各国商学院被广泛讨论，并在实际操作中引以为戒。唯有媒体人对这类教训熟视无睹，充耳不闻。传统媒体即使对媒体内容有所包装，但结果往往是包装效果差，创新性处于极低的水平。其根本原因在于管理团队没有意识到包装的重要性，从而导致投入不足。

在融媒体时代，媒体人必须认识到——包装是内容的一个有机组成部分，缺少高质量的包装将无法向用户展示高质量的内容，也无法传递内容的全部价值。一位华尔街期货操盘手认为，他们从事期货交易必须研究产品的供给、需求、气象、政策走向等数据，否则风险成本极高。媒体内容的生产也涉及供求等商品关系，但媒体人却很少思考它们。相反，他们只知道埋头生产内容，其结果是大量同质化的内容被重复生产出来，不仅浪费成本还不能满足受众不断变化的需求。这大概是传统媒体深陷同质化内容生产而不能自拔的主因。其实高科技给新闻的传播带来了很多益处，它会让新闻看起来更好看。

只有最有远见的媒体人才会继续探索这些领域。可以预见，他们带领的媒体必将在很短的时间内领先原地踏步的同行，成为传媒业的领跑者。只有把内容当作产品来对待，并以此为基础，建立以数据分析为基准的决策团队才能带出互联网时代最优秀的媒体，而它们将是未来传媒业的希望。

3. 做好适宜融媒体传播的产品，实现融媒体优势传播

在现有媒体环境背景下，不仅仅要打造适宜传统媒体传播的媒体产品，还要注意新媒体的属性，侧重从小而美的产品角度出发，打造能够调动广大受众情感的传播精品，能够在结构、文本、形式等层面进行精细化打造，最大限度迎合受者阅读习惯和转发习惯，形成良性互动，巧妙融入价值导向。

（1）用用户思维打造融媒体传播产品

在打造融媒体传播产品的过程中，应当充分利用互联网思维和用户思维。在拍摄公益广告方面来讲，并不是视频越长、文字越多越好。相反，手机阅读正在成为一种趋势，受众的阅读习惯有很强的碎片化的属性，根据这一移动阅读习惯，在打造传播产品的时候，充分利用好受者阅读习惯，进行时间上、产品逻辑上的整体塑造，打造小而美的传播产品，更有利于融媒体传播。

（2）加强用户参与度，实现受者到传者的转变

传统媒体和融媒体的一个显著区别就是传统媒体中分为传者和受者，传播信息和接受信息具有明显的区别，传者具有绝对优势。在融媒体中，传者和受者的关系则变得相对化，首先表现在传者的信息到达与否的问题，其次表现在受者的角色定位是随时转化的。社交媒体使传统意义上的受者变成了传者，成为自媒体，甚至在某些特定事件中扮演着比媒体还重要的角色。因此，在融媒体时代，传播过程必须注重受者的研究，在进行内容传播的过程中，如何调动受者进行积极的二次传播是一个值得探究的议题。可以从参与度、加强黏性、适当增加福利的角度积极调动受者的积极性，使其在政治传播中转为传者，促进带动传播至关重要。

（二）人员融合

1. 思维融合——由"传者本位"转向"用户本位"

传统媒体要想适应融媒体的发展，首先需要在思维上进行改变，正确认识传统媒体传播与新媒体的关系。传统媒体的制作人员要摆脱单向传播的"唯吾独尊"思维，认为新媒

体只是附属的传播渠道，"我只管发，你爱看不看"，这种固化的认识，完全忽略了用户需求，只能让传统媒体离融合发展的道路越来越远。

在融媒体时代，传统媒体的创作人员应该具备新媒体意识，认识到新兴的传播媒介是互推互助，相互融合，共同发展的关系。二者有各自的特征与优势，在融合发展中要做到取长补短，共生共荣。传统媒体的制作人员需要从思想上认同新媒体不可替代的地位，只有这样才能在传统媒体和新媒体的融合发展中焕发新的活力。

2. 技术融合——加强对新媒体从业人员的技术培训

融媒体时代讲究的是融合，不仅传播方式、制作模式要融合，媒体从业人员也要顺应时代的发展进行传统媒体和新媒体的融合。媒体从业人员要勇于接受新鲜事物，要在个性化、互动化、社交化、多元化的新媒体环境下，进行思想转型和技术更新。媒体从业人员不仅要熟悉电视新闻制作的传统业务，还要对互联网技术、大数据分析、视觉设计、网络运营等新媒体知识略知一二。不论是单纯的针对新闻评论节目还是整个传媒行业，在未来的发展过程中，都要注重对媒体从业人员的技术培训。只有深入了解了融媒体的运营模式，在媒体节目制作的过程中才能更好地对新闻评论内容、表现形式进行改革与创新，使媒体节目不仅保留了传统媒体的特性，还能适应融媒体的传播方式。

作为传统媒体的改革创新方向，融媒体是必然趋势。传统媒体在今后的发展过程中，需要顺应时代的需求，做出与时俱进的改革，设立融媒体运营部对融媒体端进行专业的运营与维护。

（三）传播渠道融合

优质的内容是媒体的制胜法宝。然而，面对铺天盖地、扑面而来的信息，我们应该把重点放在怎样把内容快速传播到受众手中以及怎样使受众有良好的用户体验上去。我们应该把受众中心化，根据受众的需求不断开拓新的平台，来实现传播覆盖的最大化，增加其传播力、影响力。根据事件的不同性质，应该使用相应的报道方式为不同的传播平台提供信息，"融媒体中心作为技术支持平台及内容整合平台，将原素材加工成不同的形态，以适应不同传播平台的特点"。传播渠道的开发不仅能够增大传播范围，还能够在竞争的市场经济环境下来扩大外延，赢取资金，以此支撑媒体更加深层次的发展。

融媒体极速传播的特点是它在传播过程中占有一席之地的重要支撑。这种特点可以使受众第一时间全面了解信息内容。通过融媒体的技术手段，可以整合多种媒体形式。也就是说，科学传播的类别约等于科学系列的专题类别。与此同时，也要加强与公众间的互动，想办法提高他们的积极性和参与性，并制作出大批形式多样、内容丰富的媒体产品进行科学传播。

互联网的极速普及，技术不断发展，融媒体形态不断产生，从社交媒体到各类直播软件的不断发展，关注眼球也逐渐分散。在移动互联网领域，社会化媒体的媒介参与和个体的有效互动，在融媒体传播中扮演重要的角色。信息化大爆炸的时代，共同生存在信息的海洋，融媒体确实占有任何传统媒体无法比拟的使用群体。与此同时，融媒体所承载的信息更是任何传统媒体都难以企及的海量数据。利用好融媒体，打造好融媒体时代的信息有效性，是信息传播在这一时期继续解决的议题，具体来说可以从以下两个方面入手。

第一，加强渠道建设。从舆情分析数据看，融媒体宣传仍呈现无序化、自发化的状态，应当从融媒体传播规律着手，加强融媒体传播的渠道建设，主要从四方面着手。

一是从国家级媒体、省级媒体、市级媒体着手，做好传统媒体自身平台上的传播之外，建立融媒体传播第一保障渠道，全力打造融媒体传统媒体的宣传渠道阵营，为新闻宣传打好基础。

二是从各级行政机关、事业单位入手，做好信息的阶段性发布，实现融媒体传播的第二道保障。

三是充分利用好各大自媒体账号。打造适应传播的融媒体产品后，开展有计划的推送或者报送给自媒体账号。加强自媒体账号在政治传播中的影响力。

四是善于打造网红。融媒体时代下的政治传播必须具备融媒体时代的特色，融媒体时代的产物之一就是网红，网红除了具备网红经济等直接的经济效益之外，也会成为传播中突出作用的一环。

第二，完善融媒体传播链。融媒体时代的新闻信息传播还需要打造融媒体传播链。一次传播产品的发出，不是一旦做完发出即可，必须有持续炒作的意识，进行持续性的引导和跟进。融媒体时代具有及时性、本土化等传播的特性，在其传播的过程中，需要充分利用这些特性，进行跟进的挖掘，实现政治传播链的持续打造，进而提升传播的有效性。然而，互联网新技术、新媒体不断涌现，传播渠道多样化、传播资源爆炸式井喷，这些都是融媒体时代政治传播所面临的形式，在这种形式下，融媒体的传播需要面对媒体发展的新格局，不断完善媒体的传播链，顺应时代需求，在不断涌现的新媒体形态中，能够积极应对有所作为。

第二节　增强系统的自组织能力

一、优化传播方式

(一) 运用协同理念

媒体的融合发展之路，如果利用协同理论来分析，可以看作是不同类型的媒体子系统互为联系之后，形成有机统一、协调有序的融合化新系统的过程。

这里所说媒体子系统之间的协作关联，有些是不同类型的新媒体产品之间的协同传播，如根据不同新媒体平台的更新频率，在传播深度和广度上进行全面的传播覆盖，具体而言可以选择在微博平台上进行高频率推送以做到即时性，在传播中控制更新频率，在内容深度方面下工夫；有些可以是新老传媒平台之间的协作，协作中利用好传统媒体中的优势项目，比如在人才积累、公信力、影响力等方面的优势，再结合新媒体传播平台的技术、灵活性等优势，以此利用好不同渠道的优势和特色。

媒体加强协同性思维，对于生产、传播、营销等各运行机制的运行会产生正面影响。在融媒体时代，传播者与用户的关系产生了改变，传统意义上的传播者与受众的关系被不断推翻重塑。融媒体时代的媒体，把握好受众需求十分重要，受众与传播者互动性的加深，甚至传统意义上的受众也成了内容创作者，所以受众也成了传播体系中的重要元素，传播者与受众之间的协同关系也要被重视起来。

与此同时，不同思维之间的协同联系也很有必要。新媒体带来的传媒思维重生再造，使得传播环节中的各个元素联系更加紧密。当前的媒体融合进程，很大程度基于愈发强大的移动互联网来推进，由此各媒体需要变革思维方式，用互联网的思路去考量传播和营销，做到与移动互联网思维实现协同发展。

（二）细分目标受众

伴随受众欣赏品位的提升，以往意图通过一次传播来覆盖所有类型受众的情况很难再现。随着媒体融合进程的不断推进，媒体之间的竞争也日益激烈；与此同时受众的需求也不断发生着改变，受众日常接受到的信息类型愈加广泛，因此受众的价值观念和内容需求也变得更加多元。面对受众身上出现的日益多样化的内容需求，媒体需要在内容生产传播上做到差异化，以此有效提升主流媒体在社会上的影响力。通过生产差异化的内容产品，针对不同传播渠道做到精准投放。

（三）传播渠道多元

通过多种形态的传播介质，建设起共享共通、有机连接的全新媒体生态，最终形成立体多元、融合发展的现代传播体系。有的放矢地开展精准化传播，既提升传播的针对性，又提高传播的质量，而且还可以养成受众对某一媒介产品的依赖性，形成稳定的用户群。

二、传播主体——增强新闻传播者的社会责任感

由于新媒体的蓬勃发展，很多信息都是第一时间在社交网络上传播，很多传统的新闻机构没有对信息核实就开始进行报道，就会出现一些不真实的新闻现象，导致公信力下降。新闻传播虽然讲究时效和速度，但是不能忽略真实的重要性。无论传播生态发生怎样

的变化，媒体的社会责任感不能丢失，能在多大程度上满足用户对新闻产品的需求也是衡量媒体社会价值的表现。以下分别从建立新闻审核机制、加强语言创新、打造融媒体记者三个方面展开，结合具体案例分析如何在融媒体时代重塑媒体者和传媒机构的社会责任感。

（一）建立新闻事实审核机制——守护公共利益

在融媒体快速发展的今天，公众对融媒体的信任度仍然不如传统媒体。如果想要核实新闻事件的真相，人们通常会选择电视和报纸，这就是长期以来传统媒体在公众心目中树立的权威感。人们信赖传统媒体主要体现在两个方面。

第一，因为它具有层层把关的新闻审核机制。一条新闻能够播放出去需要经过层层过滤，保证了新闻事实的真相。

第二，媒体人的职业规范共同形成的伦理准则，起到了一定的约束作用，媒体人都有对新闻事件公平客观评价的信条，再加上行业内互相监督和行业外的奖惩机制，使得新闻内容保质保量。

由于融媒体传播速度快、传播范围广、缺少把关人等特点，使得新闻事件的来源难辨真伪，往往就会成为滋生谣言的温床。在融媒体时代，一定要重塑媒体人的社会责任感，这里的"媒体人"不仅是专业的从业人员，也包括非专业人员，只要你变成了信息的发布者，就一定要增强媒介素养。媒体的传播规范不仅仅是从业人员的职业规范，也是整个网络时代大环境下的社会规范。

目前，传播生态非常复杂，不仅有传统媒体还有新媒体。因此，传统的新闻伦理准则不一定全部适用融媒体，但根本要求不会改变。如真实性原则、客观公正原则、维护人民知情权、维护公共利益原则等。公众可以绕过传统媒体不受新闻传播的规范进入舆论场，而且为了保护自身利益难免会传播一些失实的信息，这样的后果就是新闻传播的伦理丢失，新闻业公信力下降。

要建立核查机制，传统媒体当然可以在原有的基础上认真开展工作。对于像"社会记者"这样的传播者要实名认证，核查他们的身份信息，发表的言论是否真实且具有新闻价值。那对于这些用户生成内容要怎么核实呢？我们可以检查信息发布者的地理位置和过往是否发过令人可信的内容，建立用户生成内容的个人传播档案记录，来掌握用户的信用情况。具体来说，可以从以下三方面入手。

第一，要把新闻的真实性原则放在第一位，它是新闻传播的底线，无论是谁都要遵守这一原则，不能制造虚假新闻，更不能传播虚假新闻给社会造成恐慌。

第二，公共利益原则，新传播生态下的传播者不能给社会公众利益带来损害，如果为了眼前的利益而破坏整体的信用环境，那将会破坏社会秩序最终损坏包括传播者在内的社会公共利益。

第三，将新闻规范从职业化变成社会化。只要你是社会人，参与了信息的发布和分享就应该履行公共义务——不散播谣言、不出现语言暴力和扰乱公共秩序等。

总之，传统媒体的新闻规范基本适用于新的传播环境，并在此基础上增加了一些新的媒体传播规范，如透明性原则、实名制传播原则等。让每个主体都要承担与自己角色相匹配的社会责任，同时监管方也要加强监督约束作用，及时肃清不文明的传播行为，让公众的网络世界清澈澄明。

（二）加强新闻语言创新力度——改进话语质量

在过去，传统媒体采用的是线性传播，也就是传播者与假想的受众进行交流。因此，由传播主体决定新闻语言样式，播出的语言具有书面性质的特色。在融媒体环境下，不仅有传统媒体还有新媒体，传播的方式已经从原来的一对多转变成多对多。因此，新闻话语必须要符合受众和用户的口味，这样的新闻节目才有市场，才能被受众喜爱。那么如何加强新闻语言的创新力度，改进话语质量呢？具体可以从以下两方面入手。

第一，应该把受众放在第一位。当前的融合是传统媒体借助新媒体的一些元素和平台，但从长远来看，它可能是网络新媒体的天下，所以新闻话语的传播必须依靠网民的力量，更多的使用一些网络术语拉近与网民的距离。在这方面，中央主流媒体的创新步子迈得就很大，尤其在报道的标题上。

第二，创新业态模式。在融合的过程中，每种传播渠道对于新闻语言的要求还是会有所不同，不能像做统发稿一样把同样一篇稿子分发到各种媒介。例如，一些年轻人原创的节目和视频，里面涵盖了很多当下年轻人喜欢的语言和形式，这样的文稿如果放到主流媒体显然不适合，但是在手机电视里就很贴切。在融媒体时代，人们习惯了浅阅读，所以在一些媒介平台上我们会看到不同媒介相结合的新闻报道，新闻事件中穿插着动画、图片、小视频、数据图表等各种方式，使新闻节目变得更加接地气，更加贴近百姓的日常生活。

（三）提高从业人员业务素质——打造"融媒体记者"

作为整个传统媒体团队努力与成果的最后展示者，播音员、主持人也面临着前所未有的机遇和挑战。有人说现在的主持人早已经过了巅峰的黄金时期，当人人都有机会出现在公众面前，成为"网红""直播人"的时候，传统意义上的主持人光环早已不在。因此，传统媒体中的从业人员要么转入到新媒体中进行发展，要么远离媒体从事其他行业，在职的主持人越来越成为"传声筒""广告人"的角色。难道这是科技发展带来的问题？还是观众要求不断提高的问题？事实上，随着科技的发展和受众的年轻化，媒体从业人员也要跟上时代的步伐，从自身寻找突破口去满足用户和市场的需求。高校在向媒体输送人才时，应考虑行业背景的需要，适当改变培养方案来填补这个缺口。

在高校培养方面，播音与主持艺术专业在我国是独树一帜的特色专业，在国外与之相类似的专业只有口语传播学或者演讲实训。随着新媒介的不断出现，传统媒体和新媒体融合成为未来大趋势，高校的人才培养也出现很多问题。其主要体现在两个方面：第一，每年该专业的高校都有上万人毕业，而媒体单位用人数量又极其有限，出现供过于求的紧张态势；第二，当下传媒行业需要的人才很多，却找不到合适的从业者，出现供不应求的现象。学界与业界的关系看似很矛盾，实际上是学界培养的人才并不是业界需要的，业界需要的人才学界还没培养出来，出现产销不对等的问题。

目前，开设播音与主持艺术专业的院校众多，过去曾有"北有中传，南有浙广、上戏"的说法，显示了这三所院校的地位。这三所院校在一段时间内也确实形成"三足鼎立"之势，但通过查阅播音主持专业院校排行榜发现，很多综合类的院校名次也极其靠前，口碑很好。一些专科院校也有自己的办学特色。

如今，我国设有播音与主持艺术专业的院校越来越多。这一艺术考试的热潮足以体现对播音员、主持人这一行业的高度重视，播音与主持艺术专业也因此成为受考生追捧的热门艺术类专业。尽管竞争压力很大，申请这个专业的学生人数仍在逐年增加。每年从1月到3月是艺考大军蜂拥而至的时候，通过整理和分析各大院校近三年的招生考试内容，发现各大院校越来越重视专业素养和文化底蕴。

人才的培养，一方面取决于学生的才能，一方面取决于教师的教学。拥有一支强大的师资力量是保证高校教学质量、引领学科建设必不可少的一环。通过分析多所设立播音与主持艺术专业的高校可以发现，除了专业类型的高校，其余大部分师资力量呈现出专业教师加兼职教师的联合授课模式。专业教师多是科班出身主抓学生的专业基础，兼职老师多为业界人士，具有媒体从业一线经验。授课方式多为理论课大课为辅，专业课小课为主，一个组大概8～10人，老师一对一教学。

针对上述问题，中国新闻教育学会会长、教育部新闻学科教学指导委员会主任何梓华说："新闻媒体需要的，高校供应不上；新闻媒体不怎么需要的，高校却在大量培养。"

目前，高校培养的学生与用人单位的要求并不符合，其主要原因有以下五方面。

第一，多数高校培养方案的设立都是为广播电视等传统媒体输送人才，忽视了其他行业的需求。

第二，媒体用人有限，实习机会不多，带教老师多为从业人员，工作繁忙没有过多时间带实习生。即使在校学生进入媒体单位也多是端茶送水打零工，很难学到实质性的东西。毕业后又有多少毕业生会进入电视台或者广播电台。

第三，多数培养的是新闻播音员和综艺娱乐主持人，主持人同质化严重，个性不够鲜明。缺少专家型主持人、记者型主持人。

第四，大规模招生，在巨大的经济利益的驱动下，招收的学生越来越多，出现"僧多粥少"的局面，师资水平和教学设备跟不上培养目标。

第五，课程设置、教材使用过于陈旧，没有跟着时代的变化做进阶型调整。

严格控制艺考关，加强专业素质考核。高校要根据培养方案选择合适的学生，目前的选拔考试很多院校还停留在语音面貌、外形条件上。尽管考试科目变得更加多样化和专业化，但录取标准并没有太大的变化。应该加强文化素养的考核、思维能力的考核。或者分类型考试：广播、电视、网络、配音等，根据媒介的不同特点制定考核标准。

优化课程设置，因材施教。根据时代的发展，在原有的基础课程之上，加入新的课程。如融媒体传播、网络传播技巧、新媒介设备的使用等。让学生掌握新媒体的传播方式。多开设一些新闻传播学课程、新闻评论类课程，不要只停留在有稿播读的阶段。多培养一些记者型的主持人，鼓励学生报考第二学位，例如经济学、法学、文学等，扩展学生的知识面。在基础训练部分课程结束之后，可以根据学生的兴趣爱好，未来就业计划，专项对口培养。

提高教师水平，丰富教学方法。目前，许多高校的专业老师出现两类：一类是理论知识非常扎实，但缺乏一线经验，上课方式比较刻板；另一类是有一定的一线工作经历，但理论知识相对薄弱很难精准授课。针对这一不足，高校应该定期组织教师学习交流，让专业教师参与一些节目的录制，成长为专家型主持人。定期聘请业界专家来校讲座，把最新的业界信息带到校园，了解最新的媒体动态。也可以采取"双师教学法"学界老师外加业界老师的方法，让学生全方位、立体化感受教学成果。

丰富教学模式，走出教室让学生独立撰稿、自主采访、亲自出镜、完成后期制作。提供实践的机会和平台，承接学校各类大型活动、宣传片拍摄、校园新闻录制等。

媒体这个行业是不断发展变化的行业，随着科技的进步，未来的传播平台和方式会发生什么变化，谁都无从知晓。无论是业界从业人员还是高校的培养方向都要紧跟时代的步伐，在充满挑战的行业中迎接挑战抓住机遇。正如麦克卢汉所说"媒介是人的延伸"，无论传播平台如何变化，都要满足人的需求。

那么对于已经从事新闻业的专业人员来说，要如何让他们从理念上转变，变成全能型的融媒体者呢？澳大利亚迪肯大学新闻学院副教授曾提出"全能记者"。这种提法最接近目前业界主张的"融媒体记者""融媒体主播"。那么什么是"融媒体记者"呢？有学者解释说："融媒体记者应该分为三个层次，首先，要能够用手机对突发事件进行报道；其次，能够在一天内为网站写稿，又能够提供视频和博客新闻，还能为报纸写稿；最后，能够为报纸写深度报道，还能够为电台、电视台做纪录片。"当然，这是最理想的状态，相当于将三个人的工作集于一人，不仅要有新媒体的快速和新鲜，还要有传统媒体的思想和深度，这绝非易事。例如，同样一个新闻事件，发布在不同平台上的稿件也是截然不同的，要结合该媒介的特点和用户想通过该媒介知道什么样的信息，不仅要选好的原材料还要深知用户的口味。

目前，传媒界对于"融媒体记者"的解读大致分为三种。

第一种，"全能型记者"，就是要集采、编、播、导、剪等技能于一体，什么都要会的综合型人才。

第二种，要懂得如何根据不同媒介自身特征采写出符合该媒介的文稿，比如给电视供稿形式就不一样，要在各种媒介间做到驾轻就熟，随意切换。

第三种，就是将前两者结合，什么都要会。

对上述的三种理解，不同的人有不同的看法。首先，在实践中很难将一个采编团队的任务放在一个记者身上，先不想记者能否做到，假设记者能够做到但要考虑报道出来的新闻会不会出现个人化倾向，而且会不会给新闻中心的人员组成造成混乱的局面。其次，全能型的记者不会成为常态，术业有专攻，有强项就会有短板，在适合的位置发挥合适的才能才会产生高效益。最后，"融媒体记者"的一刀切的形式感太过于强烈，物不能尽其用就是浪费，人不能尽其才就是屈才。概言之，"融媒体记者"不应该是一个人，而应该是一个团体。这个团体不仅要生产新闻产品，还要熟练地掌握传播渠道和终端，并且能够有效地将新闻产品转化成运营收益。

融媒体者的核心就是对新闻事件的策划能力和整合能力，包括内容的撰写和介质分发。这并不意味着融媒体者一定要掌握所有媒体的采编技能，而是要明确什么样的新闻和什么样的媒介传播最合适。这种能力表现在知道如何来组织报道，采取何种方式来呈现报道，采用何种渠道来分发报道，能够自己寻找新闻线索、联系新闻中的相关人员，根据不同渠道撰写不同类型的稿件并扩大传播力度。目前，有些高校就在提倡要让学生的知识结构丰满，主张联合打造，使科班出身的学生在学校里就掌握了采、编、播、导等一系列技能。这种做法无疑是将融媒体记者的训练放在了高校，也不失为一种合情合理的方法。因此，要想成为一名融媒体记者，首先要有一种理念，其次是锻炼展示的平台，最后才是掌握各种设施装备的技能。

融媒体记者的诞生光靠自己还不行，必须要有强大的后台支撑。融媒体时代，从业人员要对内容生产的数量和质量负责，编辑需要对内容的定位、内容的分发、传播效果负责。特别在大型的直播报道中，更需要团队的共同协作，如奥运会、世界杯等。看似前方只有十几名媒体人员，实则背后有一个几百人的制作团队。他们对于这些素材进行各种各样的分类加工，有的作为滚动新闻和视频新闻发布在网站上，显示出即时性；有的则会制作成手机新闻，供移动用户和电子阅读器用户阅读收看；还有的作为电视报道、报纸报道进行深度加工和剖析。这样运作可以满足不同年龄段、不同文化水平的用户群对新闻的需要和消费。

　　人们难以预测未来的新生活方式是什么样的，但大众传播受众的个人控制力将继续且持久地保持增长态势，而集中传播的形式将会改变甚至降低，人们将会根据自己的兴趣爱好选择分众传媒。所以未来的媒体环境应该是百花齐放、百家争鸣的。如今，我们之所以能够选择不同的媒介去了解信息，一切都来源于传播技术的发展。从一开始的飞鸽传书到印刷术的发明，再到广播电视、互联网、手机的发明，人们的生活被深深地影响着。特别是数字技术和网络技术的推广，不仅改变着人们的生产和生活，也改变着媒体行业的格局。就传统媒体受到极大的打击来说，我们会越来越发现传统媒体和新媒体的界限不再是楚河汉界、泾渭分明，或多或少都有着联系，一场媒介大融合的传播时代已经来临。

　　媒介融合的概念可以从不同角度去解读，如媒介产业、媒介形态、媒介的产品和内容等。媒介融合应该包括传播终端的融合、媒介形态的融合、传播网络的融合、媒介产品的生产内容、方式、流程等观念上的融合。也可以说，媒介融合应该是一切与媒介有关的东西融合在一起，进而形成新的传播模式、媒介形态和媒介机构。

　　从哲学角度看，其实不存在绝对的"新"与"旧"，事物都是在变化中发展的，传统媒介相对于之前的报纸、广播也是新媒体，但与互联网、手机等媒介相比它又是旧媒体了。从哲学上说，新事物诞生于旧事物之中，并不断在与旧事物的联系中发生变化。有些时候仅仅是旧事物的某一方面发生了变化，也许它就会变成新事物。以看新闻为例，同样是电视台制作的新闻节目，但是放在网络上和手机上就形成了新闻网站和手机电视。又如：电视技术与公共交通相结合便成为现在的移动电视，供我们每天在乘坐公共交通工具时观看。因此，从事物的发展过程来看，"新"与"旧"总是在不断地融合，新旧"共融"才能"共荣"。

　　未来的融媒体将呈现出一个更新速度极快的发展模式，谁都不知道接下来的新媒介又是什么，所以在未来我们可以不断的尝试、不断地犯错，即使不错也会被"更新"掉，我们看到有很多热血青年在这个平台上去完成自己的梦想，未来的融媒体除了硬件上的融合和竞争，争夺最厉害的应该是人才，所以掌握了人才无疑就掌握了未来的融媒体。

第三节　加大融媒体影响力的提升力度

　　影响力的发生机制包括接触、保持、提升三个环节，强调的是传播效果，是社会关系层面的议题。用户及其所附带的关系网是影响力建设的重要突破口。因此，影响力的提升关键在于将受众注意力转化为更有价值的用户黏性，从而使用户主动接受媒体对其在思想和行为上的引领示范。

一、增强受众接触意愿

受众接触是影响力发生的首要环节。媒体生产的新闻产品、传递的新闻信息只有被受众接触到，其传播意图才有可能为受众所接受和理解，其内涵的文化价值才有可能对受众产生潜移默化的影响。

在传统终端方面，主流媒体必须加快转型改版，倾注新闻态度，走精品化、特色化路线，以独特观点和深度报道维系和凝聚受众，深入挖掘传统终端的用户价值。

中国互联网络信息中心第 44 次《中国互联网发展状况统计报告》显示，截至 2019 年 6 月，我国网民规模达 8.54 亿，其中手机网民规模达 8.47 亿，占全部网民的 99.20％，移动终端已经成为我国网民获取信息的最主要媒介。[①] 因此，主流媒体必须重视移动终端布局，全面发力拥有过亿用户的互联网平台，从社交媒体、短视频应用、直播平台到聚合音视频客户端、聚合新闻客户端再到自有传播平台，覆盖最大范围的受众，尽可能地吸引受众接触，从而积聚影响力。

二、提升受众价值体验

保持是影响力发生的中间环节，建立在受众的长期接触之上，目标是引导受众形成其对于媒体的情感忠诚度。价值体验是新闻产品引发的情感共鸣和价值认同，凝聚着认可、赞成等多种心理反应。情感共鸣和价值认同的程度越高，就越容易引起受众的行为认同，相应地，新闻产品的传播效果也就越好，媒体影响力也就越大。

（一）把握受众个性化诉求

在信息过载、受众时间与精力都有限的情况下，主流媒体既要适应分众化、差异化传播趋势，又要避免新闻推荐算法带来的"信息茧房"问题，充分发挥自身专业价值。主流媒体要把满足受众个性化诉求的目标贯穿于新闻生产的全流程。在受众前馈环节，主流媒体可以通过大数据引擎和人工智能框架等核心技术构建用户图谱，掌握用户的兴趣爱好、生活习惯、社会关系以及社交特征等画像信息，深度发掘用户潜在信息需求，并以此为依据进行选题、策划，实现新闻生产的定制化，使新闻产品触动用户痛点。在新闻分发环节，主流媒体要善于寓人的智慧于算法的智能之中，使算法推荐的内容更加全面客观，突出媒体本身的人文关怀和主导作用，克服"精准化"推荐带来的"信息茧房"效应。一方面，其基于大数据能力的用户画像功能使媒体能够更加精确地掌握受众的阅读习惯、行为

---

① 中国互联网络信息中心. 第 44 次《中国互联网发展状况统计报告》 ［R］. 2019－08－30. http：//www. conic. net. cn/hlwfzyj/hlwxzbg/hlwtjbg/201908/t20190830＿70800. htm.

偏好等影响新闻定制化生产的重要信息；另一方面，其依托智能分发系统的新闻分发功能，在进行内容消重的基础上，主动探索用户的多元化兴趣，能够为受众精准推送优质内容和重要信息。两者相辅相成，精准把握用户个性化诉求，拉近了主流媒体与用户的距离，形成用户体验提升、媒体影响力扩大的双赢局面。

（二）满足受众互动性需要

社会互动是个体与个体、个体与群体、群体与群体等在思想和行为上相互影响、相互作用的动态过程。在新闻传播领域，互动就是媒体与受众在思想和行为上相互影响、相互作用的过程，有利于凝聚共识。移动互联技术的成熟不仅催生了受众参与互动的意愿，也为媒体与受众形成良性互动提供了新可能。

主流媒体可以充分利用社交媒体得天独厚的互动优势，主动设置议题，使单向传送转变为多向互动。社交媒体话题的设置与征集，既是主流媒体与受众互动的最主要方式，也是主流媒体通过用户生成内容进行参与式新闻开发的最主要途径，这种短小精巧的互动形式所创造的影响力不容小觑。

主流媒体可以通过社交媒体搭建具体"场景"，将受众卷入"沉浸式"传播，使受众在"沉浸式"体验中获得强烈的情感共鸣，并引发受众在社交媒体上的转发传播行为，形成圈层化的社会扩散，有效扩大影响力。

互动新闻是媒体通过编程设计在对新闻事实进行视觉化呈现的同时，为受众提供可触控体验，引导受众点击参与、自主探究并获取信息的新闻报道类型。互动新闻尽可能全面详细地向受众提供数据和信息，充分调动受众的自主性和能动性，鼓励其自己思考并得出结论，是西方主流媒体目前比较常用的新闻报道类型，我国主流媒体也可以尝试通过互动新闻来满足受众在互动中获取资讯的需求。

三、拓宽综合服务功能

影响力的提升环节在于将受众的媒体接触转化为媒介依赖。媒介依赖理论是使用与满足理论的一个分支假设，受众通过某一媒体满足了其特定需求或者完成了其特定目标，那么在受众缺乏其他替代性资源以获得同等满足或完成同等目标时，就会对这一媒体形成一定程度的依赖。这就要求主流媒体在提供新闻信息服务的同时，向社会各界提供更加丰富多元的综合服务。

（一）为公共部门提供政务服务

主流媒体必须加快推进智慧转型，充分发挥自身专业能力和传播优势，围绕信息传播这一核心业务向外延展业务边界，积极参与智慧城市建设，为创新社会治理和公共服务贡献力量，提升自身影响力。还有一些主流媒体已经走上智库化转型道路，着力打造"广度

与深度并存、传播与研究并重"的媒体智库，并提供相应的产品和服务。

（二）为受众个人提供生活服务

主流媒体要增强受众黏性，就必须依托其权威地位和资源优势，将产业链延伸至日常生活领域，最大限度地满足受众需求，打造"新闻＋服务"的运营模式，为受众提供交通、金融、医疗、旅游等相应的生活信息服务。在传统终端方面，主流媒体要不断加大生活服务板块比重；在移动终端方面，主流媒体可以做大做强带有媒体烙印的民生服务平台，确保受众可以多渠道获取社区新闻，在强化受众归属感的同时，引导受众积极参与社区管理，形成了强大的媒体影响力。

参考文献

[1] 程宏玲．融媒体时代对农电视节目传播研究［D］．山东师范大学，2018.

[2] 程熙慧．融媒体背景下电视民生新闻的传播策略探究［D］．长春工业大学，2018.

[3] 曹欣怡．融媒体时代大学生科技传播能力培养体系研究［D］．中国地质大学，2018.

[4] 付刚．融媒体时代电视新闻传播所面临的困难及优化措施［J］．西部广播电视，2019
（24）：47－48.

[5] 冯佳策．融媒体时代新闻传播人才跨界培养模式的创新研究［J］．品牌研究，2019
（12）：84－85.

[6] 康昕．融媒体背景下广播的社群化传播研究［D］．吉林大学，2018.

[7] 李璇．融媒体时代健康传播的媒介呈现［D］．黑龙江大学，2018.

[8] 龙曼琳．融媒体传播格局下网络思想政治教育路径研究［D］．华东师范大学，2019.

[9] 马相龙．融媒体时代下的农村回族文化符号传播——以威宁农村回族为例［J］．视
听，2018（12）：207－208.

[10] 綦利群．探究融媒体时代下提高传统媒体传播力的策略［J］．传媒论坛，2019，2
（19）：8－9.

[11] 时晴．融媒体语境下戏曲传播特征及策略研究［D］．山东艺术学院，2019.

[12] 苏燕云．融媒体时代电视理论节目的传播研究［D］．成都理工大学，2019.

[13] 王浩云，施东颖．融媒体时代背景下地方主流媒体舆论引导路径探究——以兰州广
播电视台为例［J］．兰州文理学院学报（社会科学版），2020，36（01）：99－104.

[14] 王润珏，胡正荣．融媒体时代国际传播的新特点与新格局［J］．国际传播，2017
（05）：31－36.

[15] 王博．融媒体电视新闻节目的传播策略［D］．上海师范大学，2017.

[16] 王九涛．融媒体时代电视新闻的传播策划［D］．山东大学，2017.

[17] 王金平．融媒体时代新闻传播人才培养研究［J］．品牌研究，2019（01）：121－122.

[18] 伍丹．融媒体时代非物质文化遗产的创新传播研究［J］．新媒体研究，2019，5
（21）：39－40＋50.

［19］杨亚澜．融媒体语境下微记录片的创作特征与传播策略分析［D］．中央民族大学，2018.

［20］袁莉．以文化人：融媒体时代的文化传播之旅［J］．电影评介，2019（10）：78—80.

［21］张梅珍，曹欣怡．融媒体时代研究生科技传播能力的要素解析与模式建构［J］．学位与研究生教育，2018（03）：33—36.